伊藤　真

続ける力

仕事・勉強で成功する王道

GS
幻冬舎新書
073

はじめに――続けるかぎり「負け」はない

二十七年間にわたる司法試験の受験指導。十年の節目を乗り越え、十三年目を迎えた塾経営。二百数十回に及ぶ「明日の法律家講座」という無料公開講演会。毎月十回を超える私自身の憲法講演。

変化を求める世の中だからこそ、変わらずに続けることに価値があると考え、愚直に続けてきました。自分でもよくやってこられたと思います。

もちろん、順風満帆《まんぱん》であるわけもなく、当然のことながら、波風を乗り越えての継続です。この積み重ね、時の重みは大きいです。さすがに少々のことでは揺らがなくなりました。動ぜず、うろたえずに事にあたるだけの胆力は鍛えられました。

目の前の困難を乗り越えてひとつのことを続けることによって、人間は強くなり、人に勇気を与えることができるようになります。

トリノオリンピックで金メダルを獲ったフィギュアスケートの荒川静香選手は、優勝後のインタビューで「勝ち負けにこだわるよりも、自分のスケートにこだわった」とコメントしていました。その一言が、オリンピックから二年以上経った今も、大変強く印象に残っています。

あれだけの大勝負に臨みながら勝ち負けにこだわらないという境地は、いったいどこから生まれたのでしょうか？　私はそのカギは「続ける」ことにあったのではないかと考えています。

メダルがかかった本番であるにもかかわらず、あたかもエキシビションのように勝負を忘れて楽しそうに舞う。これはとてつもない練習量と強靭《きょうじん》さがないとできないことです。何度もスランプを乗り越えて「続ける」ことで獲得した、しなやかで強靭な真の強さです。

どのようなスランプも、もうダメだと思うような経験も、そこで止まらずに続けていれば、すべて次に向けてのステップになります。スポーツのすばらしさは、負けが必ず明日につながるところにあります。

このことは日々の仕事や勉強でもまったく同じです。成功か失敗か、もちろん結果は重要です。しかしそれ以上に、結果の生かし方によって成否の意味は大きく変わってきます。結果そのものよりも、それに対する対処の仕方によって、その価値は変わります。

続けるかぎり、「負け」はないのです。

続ける力／目次

第一章
「続ける」ことはなぜ難しい?

一流の人は「続ける技術」を持っている

マリナーズのイチロー選手は、こんなことを語っています。

夢をつかむことというのは、一気にはできません。ちいさなことをつみかさねることで、いつの日か、信じられないような力を出せるようになっていきます。

いままで自分がやってきたことを、しっかり継続することが、イチローという選手の能力を引き出すためには、はずせないことです。

過去のつみかさねがどれだけ大事なものかは、感じています。それがなければ、今の技術や精神は作られなかったのですから。

（ぴあ『夢をつかむ　イチロー262のメッセージ』）

将棋の羽生善治《はぶよしはる》さんも、こう書いています。

以前、私は、才能は一瞬のきらめきだと思っていた。しかし今は、十年とか二十年、三十年を同じ姿勢で、同じ情熱を傾けられることが才能だと思っている。

直感でどういう手が浮かぶとか、ある手をぱっと切り捨てることができるとか、確かに個人の能力に差はある。

しかし、そういうことより、継続できる情熱を持てる人のほうが、長い目で見ると伸びるのだ。

（角川ｏｎｅテーマ21『決断力』）

私が司法試験の受験指導を始めて、もう二十五年以上が経ちます。

司法試験というのは、法律家、つまり弁護士・裁判官・検察官になるための国家試験です。二〇〇六年から試験制度が大きく変わったのですが、その直前の試験の合格率は三パーセント前後、合格者の平均年齢は約二十八歳、合格までの平均受験回数は五、六回（試験は年一回）、というデータがあります。

東大法学部を卒業しても簡単には受からないことから、最難関の資格試験といわれてきました。

二〇〇六年から始まった新しい司法試験も、受験資格を得るためには、原則として、大学の学部を卒業したあと、法科大学院の入試を受け、二年ないし三年の課程を修了しなくてはなりません。

新しい司法試験の合格率は従来の試験よりは高くなり三〜四割程度ですが、法科大学院修了後五年以内に三回という厳しい受験制限があり、狭き門であることは変わりません。

そんな試験に受かるのは、頭の回転の速い優秀な人、六法全書をまるごと暗記できるような超人的な記憶力の持ち主、といったイメージを持っている人は多いでしょう。

しかし、この試験に合格するのに最も必要な能力は、「頭のよさ」ではありません。

科目数が多くて大変……といっても、大学入試のセンター試験や医師国家試験など、もっと範囲が広い試験はたくさんあります。

法律用語は難解……といっても、しょせん私たちがふだん使っている日本語であり、数式も英語も出てきません。

大学の法学部を出ていなくても、一日数時間の勉強を二年間もすれば、知識のレベルでは、試験に出る内容はひととおりカバーできます。

では、最難関といわれる試験の、合格・不合格を分ける決定的な能力とは何でしょうか？

それは「続ける力」です。

法律の勉強は語学学習に似て、マスターするためには知識だけでなく、「慣れ」が必要です。「慣れる」ためには、ある程度の時間をかけて、地道にコツコツと、同じことを繰り返して勉強を続けるしかありません。

二年で受かるのか五年で受かるのか、もちろん個人差はあります。しかし、残念ながら不合格のまま終わる人は、頭が悪かったのではなく、勉強を続けられなかっただけの場合がほとんどです。

だから私は、試験に失敗して「もうやめます」と断念しようとする受験生たちを、

「やればできる、必ずできる」「最後まで絶対にあきらめずにがんばれ」と励まし、相手によっては「頼むから、ダマされたと思ってもう一年だけ続けてくれ」とまで言い続けてきました。

「続ける力」がモノをいうのは、野球や将棋、司法試験の世界だけではありません。ビジネスの世界も芸術の世界も趣味の世界も同じです。

「続ける力」さえあればどんな夢でもかなうというのは、これまでの受験指導と私自身の体験から得た、実感的真実です。

そして、センスやひらめき、回転の速さといった能力は天性の素質に左右されますが、「続ける力」はだれにでも平等に与えられています。

ただ、「続ける力」を最大限に発揮するためには、続けるための「技術」が必要です。それぞれの道で一流をきわめる人は、みな、やる気を持続するためのメンタルトレーニングや長続きする計画の立て方など、すぐれた「続ける技術」を持っています。

司法試験の勉強法にも、「続ける」ためのノウハウがたくさんつまっています。

本書ではそのノウハウを紹介するとともに、最近ともすると軽んじられがちな「続ける力」の大切さについても、お話ししていきたいと思います。

本書が、みなさんが勉強や仕事をやりとげ、一人ひとりの夢に近づくための手助けになれば幸いです。

続かないのは「意志が弱いから」ではない

継続は力なり。

継続は成功への王道。

でも多くの人にとって、「続ける」ことは難しい。昔、「わかっちゃいるけど、やめられない」という歌がありましたが、「わかっちゃいるけど、やめてしまう」のが現実です。

資格を取るための勉強、語学、スポーツ、楽器、禁煙、ダイエット等々。だれでも片手に優にあまるぐらいの、「三日坊主」体験があるでしょう。

よく「三日坊主になるのは意志が弱いから」といわれます。

しかし、何か新しいことを始めるときには、だれも何らかの必要性を感じて、強い意志を持って決心しています。続けられないのは「意志が弱いから」とは言い切れません。「本当に好きなことなら続けられるはず」とも言います。

しかし、資格を取得してキャリアアップした自分、自由自在に楽器が演奏できるようになった自分、ダイエットに成功してスタイルのよくなった自分などを想像すれば、だれでも楽しくてワクワクしてくるはずでしょう。

だとしたら、それは「本当に好きなこと」のはずです。「好きなことじゃないから」も続かない理由にはなりません。

では、だれからも強制されていない、自分で好きで始めたことであっても、なかなか続けられないのは、なぜでしょう？

それは、どんなことでも、自分の目指すレベルに至るまでには、必ず「退屈で単純なプロセス」が存在するからです。

英単語の暗記にしろ、野球の素振りにしろ、ダイエットのリバウンド防止にしろ、継続すべき努力というのは、退屈なものがほとんどです。「つらく苦しいこと」以上に続けるのが難しいのは、「退屈で単純なこと」です。

イチロー選手や羽生さんのような超一流の人たちというのは、それを飽きることなく楽しめる人なのかもしれません。その意味で、単純作業の繰り返しを楽しむことのできる能力は、天性の才能ともいえます。

しかし、ふつうの人は、どんなに好きで始めたことであっても、なかなか努力を続けられないものです。気力や根性ももちろん大事ですが、それだけでは続けられない自分を変えることはできません。

「単純で退屈なこと」を長続きさせるコツ

「退屈で単純なこと」を投げ出さずに続けるためにはどうしたらいいでしょう？

ひとつ効果的なのは、やるべきことを徹底的に絞り込んで、飽きや退屈さのハードルを下げることです。

このことは第二章でもあらためて解説しますが、ここでは私の個人的な経験をお話しします。

私はこれまでに二度、ペン習字に取り組んだことがあります。

最初は中学生のときです。動機は、きれいな字でラブレターを書きたいと思ったからでした。

母親が書道の先生をしていたにもかかわらず、私の字は、自分でも読むのに苦労するほどヘタクソでした。「字が汚いと、ラブレターを書いても読んでもらえない」と真剣に悩んだ私は、練習帳形式になっているテキストを買ってきて、一ページ目から、まじめに練習を始めました。

しかし、これが続かない。中学生の自分にとって、「女の子にモテたい」という気持ちは動機としては十分強いものだったのですが、あまりの退屈さにたえかねて、一カ月も経たないうちに投げ出してしまいました。

ところが大学に入って司法試験の勉強を始めると、ふたたび、きれいな字を書く必要に迫られました。先輩から、「答案の字が汚いと点数が低くなるぞ」と脅《おど》かされたのです。

司法試験には手書きの論文試験があります。

もちろん採点の対象になるのは答案の中身で、字がきれいかどうかは関係ないといわれています。

しかし採点する試験官は人間です。限られた時間で何百枚もの答案を採点するのですから、字がきれいな読みやすい答案のほうが心証がよいのは当然です。字が幼稚だったら、先入観で「中身も幼稚なんじゃないか」と思われかねません。

私はまたペン習字を始めました。

そうはいっても、中学生のように毎日何時間もかけて練習をするわけにはいきません。そこで私は、テキストを買ってきて、「漢字は大きめ、平仮名は小さめ」「タテヨコの線をまっすぐ」など、すぐに実行できるポイントだけをまず拾い読みしました。

そして、ノートをまとめたり、答案を書いたりする勉強をするときに、「権利」とか「考える」とか「解する」など、頻出する言い回しだけを、意識して丁寧に書くようにしました。それに加えて、勉強の合間に毎日五分ずつ、それらの頻出語句だけを書く練習をしました。

たったこれだけの工夫でしたが、模擬試験での答案はみちがえるほど読みやすくなりました。ノートが読みやすくなって、ふだんの勉強がはかどるというオマケもつきました。成果が目に見える形で表れたこともあり、この練習は合格するまでの約一年間続きました。

私が二度のペン習字体験から学んだのは、続けるためには強い動機があるだけでは不十分、やるべきことをできるだけ少なくして、退屈さのハードルを下げる必要があるということです。

もっとも、二度目のペン習字はあまりにピンポイントの練習だったため、練習をやめてしまった合格後は、私の字はふたたびヘタクソに戻って現在に至っているということを、報告しておかなくてはなりません。

続かないのは「時間がとれないから」ではない

続けられない理由として、「忙しくて時間がとれない」ことも、よく挙げられます。これについてはどうでしょう？

また個人的なエピソードになりますが、私自身のダイエット体験をお話ししたいと思います。

中年男性のご多分にもれず、私も四十歳を過ぎた頃からおなかまわりが気になり始めました。そこで目にとまったのが、テレビで深夜に放送されているトレーニングマシンの通販番組です。

見事におなかの引き締まった外国人の男女が「毎日たったの十分！　これさえあれば、あなたも簡単にナイスバディに！」と笑顔で誘う宣伝に、私もまんまとハマりました。

私はすっかり通販の常連になり、腹筋を鍛えるトレーニングマシンを次々と購入しました。次々と購入、すなわち、次々に挫折ということです。

すぐに飽きてしまうならマシンに頼るのはやめればいいのですが、つい「こっちなら大丈夫だろう」と別の商品に手を出してしまう。

試験勉強でも、新しい参考書や問題集に次々と手を出す人は、力がつきません。受験生にいつも注意しろといっている、典型的な失敗パターンのひとつです。

そんな失敗パターンから抜け出すきっかけになったのは、自己流の無茶なスクワットで膝《ひざ》を痛めたことでした。

幸い膝のケガ自体は外科的治療で治ったのですが、医者からは、長い目でみて膝にかかる負担を軽くするために、体重を十キロ減らす必要があると指導されました。

おなかまわりが気になるとはいえ、肥満の自覚はなかったので、十キロオーバーの指摘は、私にとってはかなりショックでした。

そこで、さすがにもうマシン頼みではダメだと悟り、私は食生活そのものを見直すことにしました。

そもそも人間の体重が増える原因は、エネルギーの摂取量が多すぎるか、エネルギーの消費量が少なすぎるかの二つしかありません。

私の場合、走ったり泳いだりするような運動こそしていませんが、毎日の講義はほとんど肉体労働です。一コマ三時間、立ったまま、腹から声を出してしゃべり続けます。多いときは一日に三コマをこなしますから、それだけでもかなりのエネルギー消費です。

それよりも太る原因として見逃せないと気がついたのは、エネルギー摂取のほう、それも食べる量ではなく、食べる時間帯でした。

塾での講義が終わるのは連日夜の十時すぎ。それから細かい仕事を片づけるので、夕食を食べるのは早くても夜中の十二時。一時や二時になるのもざらでした。

昼食をとってから十二時間以上も何も口にせず、深夜にヘビーなものを食べるという生活を何年も続けていたのですから、太らないはずがありません。

そこで私は、夕食をとる時間を改めることにしました。コンビニ弁当でもなんでもいいので、ともかく夕方、夜の講義の始まる前に食事をとるようにしたのです。

以前は、忙しくてとてもそんな時間はとれないと思っていたのですが、毎日そうすると決めてしまったことで、少しずつ、それなりの段取りができるようになりました。

すると、三カ月で五キロの減量に成功。最初のうちこそ深夜の空腹感をガマンしていましたが、それもすぐに慣れました。太ることを気にしながら深夜に食事をしたり、休日に日頃の遅れを取り戻そうと焦って筋トレをしていたりしたのに比べると、精神的にもずっとラクでした。

そして毎日、体重計に乗るたびに努力の成果が確認できるようになると、「このまま続けよう」という気持ちが高まります。

その結果、私は十キロ減量という当初の目標を、およそ一年で達成しました。その後も生活のパターンは変えていないので、リバウンドも起きていません。

「例外」を「原則」に替えれば続けられる

それまで何度も失敗していたダイエットを続けられたのは、「おなかを引っ込めて見た目をよくしたい」という動機より、「膝が痛いのはイヤだ」という動機のほうが強かったという面もあります。

しかし、それ以上に決め手になったのは、筋トレは自分の生活の「原則」にできなかったけれど、「早めの夕食」は、「原則」にできたということです。

プロのアスリートならともかく、ふつうの生活をしている人にとって、ダイエットのための筋トレは、「特別な時間」「例外の時間」です。マシンを使った腹筋運動を、歯磨きや入浴のように無意識にすることは、なかなかできません。

人間には「原則」に戻ろうとする習性があり、例外が続くのを気持ち悪く感じます。体内の免疫システムが異物を排除するのと同じように、「例外的なことは弾き出して、これまでの生活リズムを維持したい」というエネルギーが無意識のうちに働きます。

したがって、何か新しいことを始める場合には、「それを生活の原則にする」という、意識の組み換えが必要なのです。

とくに大人の場合、生活や人生の型がある程度決まり「原則」ができてしまっているので、そこに「例外」をプラスして続けていくのは難しいことです。

どんなに簡単なことであっても、好きなことであっても、自分にとって「例外的な、特別なこと」としてやっているかぎり、どうしても精神的にきつくなります。

そこで、新しく始めることを、毎日の歯磨きのように自然なこととして受け入れられるようにすることが、「続ける」ための、最も大きなポイントになるのです。

その際、ふつうは、ダイエットの方法とか、勉強の中身とか、続ける対象そのものに目がいきがちです。

もちろんそれも大事なのですが、じつはそれと同じぐらい、「受け入れる自分の側」に関心を向けることも大事です。すなわち、自分の考え方の体系なり、ライフスタイルを、新しいことを受け入れられるように、ちょっとずつ変えていく必要があるのです。

私の場合、「早めの夕食」は、仕事の段取りを含めた一日のスケジュールを見直したことで「原則」になりました。

これに対して、筋トレは、物理的にも心理的にも「原則」にすることができませんでした。何度かトライしても「原則」にできないことは、いまの自分には「続けられない」ことなのだと見切ることも、場合によっては必要です。

「たった五分」「たった十分」のことでも、「原則」にできないものは続きません。続けられるかどうかは、かかる時間の多少では決まりません。

「忙しくて時間がとれない」ことは、続けられない理由にはならないのです。

攻略・克服ではなく、仲間に引き入れよう

「原則になる」とは、いいかえれば「習慣になる」ということです。

どんなに忙しい人でも、一日に何度か歯磨きをしますし、お風呂にも入ります。歯磨きも入浴も、それ自体は「単純で退屈なこと」ですが、ふだんそれを意識することはありません。

新しく始めることを、「それをやらないほうが落ち着かない」という状態にまでもっていければ、目標の五割は達成したも同然です。

そのためには、「やることを絞り込んで退屈さのハードルを下げる」「一日のスケジュ

ール全体を見直す」といった工夫が効果的ですが、そのベースにあるのは、「やっつけて自分のものにするぞ」というよりも、「自然に自分のなかにとりこもう」という考え方です。

次に紹介するのは、私がある合格者からもらった手紙です。

三十歳間近、結婚して子どももいるなかで勉強を始め、七年目にして合格を果たしました。北海道のとある市の、法律の本を売っている本屋さんもないところで、最初は勉強を続けていけるかどうか、不安でいっぱいだったそうです。

私が司法試験をめざすことになったきっかけは、先生が書かれた、『伊藤真の司法試験合格塾！』という本を読んだことです。当時法律家に漠然としたあこがれを持っていた私は、この本を読みおえたとき自分にも可能かもしれないと思いました。

そして数人の方の合格体験記を読み、司法試験が特別に優秀な人だけが合格する試験ではなく、ごくふつうの人がものすごく努力して合格していく試験だということを知りました。

勉強を続けているあいだには、仕事や子育てのほかに、妻の入院、母の病気だとか幼稚園の役員などいろんなことがありました。じゅうぶんな勉強時間もとれず、スローペースで進んでいきましたが、勉強はとても楽しかったです。

よく勉強で疲れたときの気分転換はなになにです、という言葉を目にしますが、わたしにとっては勉強が気分転換として、生活の一部になっていました。カセットテープから聞こえてくる先生のテンポのよい声に勇気づけられてきました。

十一月九日、合格発表の日、妻と子どもたちにお礼をいいました。いままでじゅうぶん遊んであげられなかったので、この日はたっぷり子どもと遊んであげようと思い、子どもたちと一緒にいました。そうしたら、十分か二十分ぐらいしたときに、七歳の長女に、パパ勉強しないでいいの、と言われました。

六年半前、六法をはじめて開いた日のことをけっして忘れず、これからも努力をすることを約束します。

新しいことを始めるとき、よく「攻略する」「克服する」という言い方をします。もちろん、そのように意気込んでもいいのですが、「習慣をつくる」ときには、「自分の仲間に引き入れちゃおう」ぐらいの、少し力の抜けた姿勢のほうが、うまくいきます。

手紙からは、勉強のために家族を犠牲にするのでなく、家族を大切にする生活に勉強生活を上手に組み込んだことが、合格のカギになったことがよくわかります。

第二章　「やる気」を続ける技術

もうダメだと思うときこそ、ゴールが近い

司法試験には、センスやひらめきなど、自然科学の研究者に求められるような天性の才能はいりません。地道にコツコツと勉強を続けることができれば、合格に手が届く試験です。

伊藤塾のこれまでの塾生でいえば、早い人で一年、平均して三〜四年、社会人でも五年ぐらい勉強を続ければ、多くの人が合格していきました。

逆に、ノーベル賞級に頭のいい人であっても、いきなり問題を見て一発合格、ということはありえません。

扱っている情報量が多く、また、法律的なものの考え方に慣れる必要があるので、ある程度の期間、継続して勉強することがどうしても必要だからです。

「続ける力」はだれにでも平等に与えられています。しかし、実際に日々の勉強を続けていくことは難しい。司法試験が最難関の資格試験といわれる理由もそこにあります。

私も受験指導においては、勉強の中身を教えるのと同じぐらいのエネルギーを、最後

までおきらめずに勉強を続けてもらうことに費やしてきました。その意味では、伊藤メソッド（私が講義や著書で指導している勉強法は伊藤メソッドと呼ばれています）は、「続けるためのメソッド」ということができます。

伊藤メソッドのなかでもとりわけ重要なのは、やる気をできるだけ高いレベルで持続させて勉強を続けること、すなわちモチベーションを維持する方法です。

そのひとつに、「もうダメだと思うときこそ、ゴールが近い」というモットーがあります。

続けられさえすれば合格に手が届くとわかっていても、毎日勉強しなければならない生活はやはりつらいものです。

学生なら、授業や試験、アルバイトがあります。サークル活動や友人とのつきあいもあるし、周囲が就職活動を始めれば、心穏やかではいられません。

社会人なら、仕事や家庭生活と勉強の両立が最大の課題です。

勉強を優先順位の一番においても、日々の生活には、勉強以外に、時間と頭を使わなければならないことがたくさんあります。

専業受験生（学校を卒業したり仕事を辞めたりして、試験勉強だけに専念している人のことです）になっても、つらい状況は変わりません。

そのいちばんのつらさは、努力を続けても絶対にうまくいくという確信が持てないところにあります。確信が持てないことに対して努力を続けていくのは、精神的に本当にキツいものです。

どんなに実力がある人にとっても、試験は一発勝負です。一年にたった一度の試験の当日に、それまでやってきたことのすべてを集約させ、ピークを持ってこなければならない。オリンピック選手と一緒です。

模擬試験でどんなにいい成績をとっていても、プレッシャーで体調を崩して、力を発揮できない人もいます。私の教え子には、論文試験のある科目で、答案用紙を取り違えたためだけに落ちてしまった人もいます。

だから途中であきらめてしまう人が少なくないのですが、一方で、その不安に打ち克って続けた人は必ず合格しています。

毎年、試験結果が発表になると、私のもとには「今年は絶対受かると思っていたのにダメだったから、もうやめようと思うんです」という相談がたくさんきます。

もちろん、家庭の事情や経済的な問題で受験を断念せざるをえない人もいます。その場合は私も「残念だけど、ほかの道でがんばれ」ということがあります。

でも、「もうやめようと思う」と相談にくる受験生の大半は、勉強を続けられる環境にありながら、自分で勝手に「もう限界だ」と壁をつくっています。本当は受かるはずなのに、自分で壁をつくって勝負から降りてしまう人がどれだけ多いことか。

私はそういうとき、「あと一年やってダメだったら、やめてもいい。だから、あと一年、ダマされたと思ってがんばってみろ」と叱咤《しった》します。そうして翌年に合格を果たし「一年前にやめなくて本当によかった」と言ってくれる受験生を、これまでたくさん見てきました。

昔、父親に連れられて山登りをしたとき、いちばん苦しかったのは、頂上が見えてからの、最後の行程でした。頂上が見えているのに、なかなかたどりつかない。

最後の最後がきついのは、どの世界も同じです。もうダメだという壁にぶち当たってからが本番です。そこであきらめずに努力を続けられるかどうかで、勝負は決まります。

だから私は受験生に、「合格に近づけば近づくほど大きな試練が待ち受けているんだ」と言います。

「もう限界だ」と思うほど苦しくなったら、それはゴールに近づいた証《あかし》だと思って、喜んでほしいと思うのです。

ゴールからの発想、全体から部分へ

確信の持てない努力を続ける不安を克服するのに効果的なのが、「ゴールからの発想」という考え方です。

山登りにしろマラソンにしろ、頂上やゴールが何キロ先にあるのかわからなければ、最後まで続けることはまず不可能でしょう。司法試験の勉強も同じです。

逆に、自分の目指すところが具体的にイメージできれば、限界を感じて挫《くじ》けそうになったとき、目の前の壁を突き破るエネルギーが湧《わ》いてきます。

ですから私は勉強を始めた受験生には、「毎日三時間の勉強を二年間続ければ、合格に必要な知識は身につきます」と、まず明確な数字を示します。

そしてかなり早い段階で、勉強の全体像を示し、ゴールを示してしまいます。

具体的には、科目でいえば、民法なら民法、刑法なら刑法を、第一条から詳しく勉強していくのでなく、その法律特有の体系を、まず最後までざっと見通すことを優先します。伊藤塾では各コースの冒頭に、各法律の全体像を三〜六時間でポイント解説する講義をおいています。私の書くテキストも同じ構成です。

「全体から部分へ」ということもメソッドの重要なポイントなのです。

同時に、勉強を始めたらすぐに、試験で実際に出題された問題を見てもらいます。

最終的にどういう問題を解けるようになればいいのかを知ることで、努力の方向性が定まり、モチベーションを維持しやすくなります。

もちろん、最初はなにがなんだかわかりません。しかしなかには、勉強を始めたばかりの基礎的な知識で解ける問題もあります。この、「解けた、嬉しい」という体験が、あとあとまでとても重要な意味を持つのです。

ゴールのさらに一歩先をイメージする

受験生にとって本当の「ゴール」は、じつは試験に合格することではありません。最終的な目的は、法律家になって自分のやりたい仕事をするところにあります。

そこで伊藤塾では、「合格後を考える」というモットーを掲げています。

刑事弁護士として人権問題に取り組んでいる自分、渉外弁護士として世界を舞台にバリバリ働いている自分、検察官になって社会正義を追求する自分、裁判官として憲法の価値を守る自分等々。

「合格後の自分」をイメージし、奮起してもらうために、伊藤塾は、司法の現場で活躍しているかたを招いて講演会をしたり、講義の合間に、お勧めの本や映画を紹介したりしています。

元Jリーガーだった八十《やそ》祐治《ゆうじ》さんは、現役引退後、三十一歳のときに法律家になることを志し、仕事をしながら受験勉強を続け、四回目の挑戦で最終合格を果たしました。プロのスポーツマンとして活躍したかたなので、自己管理能力も一流だったと思いますが、合格体験記ではこんなことを書いています。

私が、受験時代にモチベーションを維持できたのは、伊藤塾の提唱する『合格後を考える』という視点を忘れなかったことが、一番大きな要因だったと思います。具体的には、弁護士として法廷に立つ自分の姿を想像したり、困った人たちを救済する自分を想像したりして単なる受験勉強ではなく、合格後も役に立つ勉強をしているのだということを忘れないようにしました。

将来の自分、なりたい自分をできるだけ具体的にイメージするのは、とても重要です。そうすると、「ゴール」だと思っていた合格は、たんなる「通過点」にすぎないことがわかるからです。自分はこういう人間になるのだから、合格はただの通過点、受かることになっているんだ、と思えるようになります。

ラグビーの選手は敵にタックルするとき、相手の一メートル後方をターゲットにして飛び込んでいくそうです。

野球のホームラン・バッターは、打席に立つとき、打球がフェンスを越えて観客席に飛び込んだシーンから、ビデオを逆回転させるようなイメージを持っているといいます。客席からボールが放物線を描いて自分のバットに吸いつき、そこから投手の手まで戻っていく。ホームランになることはもう決まっているのだから、あとはバットを振ってそれをトレースするだけ、きっかけを与えるだけ、というイメージです。

自分は合格することに決まっている、あとはその筋道にのってコツコツと続けていくだけと思えれば、先の見えない不安はかなり解消されます。

自分がゴールだと思っていることの、さらに一歩先をイメージすることは、努力を続けるための大きな原動力になるのです。

ゆっくり急げ、他人と比べても意味がない

「ゴールから発想する」「合格後を考える」、それと同じぐらい大事なのは、「フェスティナ・レンテ」(Festina Lente) というモットーです。

これはラテン語で、ローマ帝国の皇帝だったアウグストゥスが好んだと伝えられる言葉です。英語では「ハリーアップ・スローリー」=「ゆっくり急げ」という意味です。

グズグズしてはいけないが、だからといって慌ててはいけない。焦ることなく、一歩一歩前進していくことが、目標を達成するための一番の近道――私はそのように理解しています。

なりたい自分を具体的にイメージするのは、モチベーションを持続させるうえで、とても重要です。でも、遠くのゴールばかり見ていても、疲れてしまいます。

夢の大きさに比べて、日々の努力はきわめて「小さなこと」の積み重ねです。そのギャップにむなしさを感じてしまうこともあるでしょう。

ですから、最初にしっかりゴールの位置を確認したら、いったんそこから目を離して、足下だけを見て一歩一歩進むことも必要です。

登山でも、「次の一歩」を踏み出すことだけに集中して歩き続け、ふと後ろを振り返ってみたら「こんなに高いところまで来ていたのか」と驚くことがあります。

マラソン選手も、四十二・一九五キロを走りきるために、五キロや十五キロごとに目標タイムを設定します。

やる気を長く維持していくためには、未来の夢を大きく描くことと、目の前の一歩一歩に集中することの、両方のバランスがとても大切なのです。

さらに「フェスティナ・レンテ」とは、人と比べないということでもあります。

同じゴールを目指していても、環境や条件は一人ひとりみな違います。

時間に余裕のある学生もいれば、多忙な仕事の合間を縫って勉強しなければならない社会人もいる。同じ学生でも、家族に全面的にバックアップしてもらえる人もいれば、テキスト代や模試の受験料をアルバイトでやりくりしている人もいます。

暗記が得意なのか、文章を読むのが速いのか、法律を勉強したことがあるのかなど、勉強を始める段階での能力・レベルにも個人差があります。

一人ひとり、みな条件が異なっていれば、ゴールに到達するまでのペースも違って当然です。そこで他人と比較しても、意味はありません。

「自分は進歩が遅い」「理解が遅い」と、条件の異なる友だちと比べても、意味がないどころか、気持ちは沈んでいくばかりで逆効果です。

机を並べて勉強している仲間の中で一番に合格しようが、最後に合格しようが、合格は合格です。自分は自分に与えられた環境のなかで、自分の目標を達成すればいいだけです。

ひとつのことをやりとげようとするとき、ライバルは他人ではなく自分です。「昨日の自分」より「今日の自分」のほうが少しでも進歩していれば、ゴールは確実に近づいています。

努力の継続とは、つねに「自己ベスト」を目指す営みです。他人と比べないことは、モチベーションを持続させるための、とても重要なポイントなのです。

「やればできる、必ずできる」と信じよう

「やればできる、必ずできる」「最後まで絶対にあきらめない」——これも、私が伊藤塾を立ち上げて以来、毎日のように言い続けてきた言葉です。

もともとこれは、中学で社会科の教師をしていた父親の口ぐせでした。生徒たちにことあるごとに言い続けていたそうです。

あるとき父は、生徒から「南極に行きたい」と相談され、「南極に行きたいのだった

ら、こういう大学にいってこういう勉強をして、こういうところに就職して、南極探検隊に入れば行ける、そういう道がある」とアドバイスしたそうです。

するとそれから何年も経って、そのときの生徒が「先生に言われたとおりに勉強して、南極に行ってきました」と、うちに南極の氷を持ってきてくれました。私が大学生の頃です。

それまではたんなるオヤジの口ぐせ、「なに、当たり前のこと言ってるんだろう」ぐらいにしか思っていなかったのですが、その話は強く私の心に残りました。「やればできる、必ずできる」と「信じる」ことが、ものすごく大きな力になるんだと、初めてその重みを実感したのです。

以来、この言葉は私自身の口ぐせにもなりました。

「やればできる、必ずできる」とは、裏返せば、「やらなければできない。だから毎日しっかりやれよ」という厳しいメッセージでもあります。

合格した人はみな、「塾長の言うとおりでした。本当に、やればできるんですね」と感激して言います。ただそれは、合格したから言えることでもあります。目標も問題意識も持っていなければ、ふつうは、聞き流してしまう言葉かもしれません。

でも、受験生のなかには、この言葉を紙に書き、机の前に貼って勉強している人もいます。試験の本番でミスに気づいて集中力が切れそうになったとき、この言葉を念じて乗り越えた人もいます。

自分のこととして信じることができれば、確実に大きな力となって、モチベーションを支えてくれます。ぜひ心に刻んで「信じて」ほしい言葉です。

やる気は、「上げる」より「下げ幅を小さく」

伊藤メソッドの四つのモットーから、「やる気」「モチベーション」を続けるための考え方についてお話ししてきましたが、モチベーションについてもう少し考えてみたいと思います。

勉強であれ、ダイエットであれ、何か新しいことを始めるときは、だれでもそれを長く続けられると信じているものです。

それまでどんなに三日坊主の経験を繰り返してきた人でも、講座の受講料を払ったりトレーニングマシンを買うときには、「今度は大丈夫。絶対に続けてやる」と思っています。

では、なぜスタートの時点では、自分の「続ける力」に自信が持てるのか。それは、その取り組みに対するモチベーションが最大に高まっているからです。

「やってやるぞ」という意欲に燃え、途中で挫けることなど想像もつかず、どんなに高い山でも頂上まで登れるような気がします。

でも、どんなに根気のある人でも、その状態は長くは続きません。

そもそもモチベーションは、意識しなければ、じりじりと下がっていくものです。やる気というものは、出なくなって当たり前です。

最初は新鮮な気持ちで取り組んでいても、次第にマンネリを感じるようになり、気がついたときにはテキストや腹筋マシンが部屋の隅でホコリをかぶっていた……ということになるのは、ごく自然のなりゆきで、けっして意志が弱いせいではありません。

そうだとすれば、モチベーションの維持とは、正確には、「モチベーションを上げること」というより、「モチベーションの下げ幅をできるだけ小さくとどめること」といえます。

もちろん、短期的にモチベーションを高めることはできます。たとえば何かのきっかけで一念発起して、「朝から晩まで、毎日十時間勉強するぞ」と、一週間とか一カ月、休みもなしに突っ走るのは、思っているよりは簡単にできることです。

そういうときは、気分が高揚しているので、歯を食いしばって苦しい勉強に耐えるというより、がんばっている自分が快感だったりします。

でも、ほとんどの場合、その後、「疲れてしまって使いものにならない」という反動がきます。がんばったのと同じ期間ですめばプラスマイナスゼロですが、反動のダメージのほうが大きいことも少なくありません。

それよりは、一日のなかで、一週間のなかで、きちんと休みを入れてメリハリをつけていくほうが、結果的には得るものが大きくなります。これも「フェスティナ・レンテ」です。

投資にも似たところがあるかもしれません。私は性分に合わないので株式投資はしないと決めているのですが、株式投資でも、短期的な儲《もう》けをねらって売り買いするより、長期間、同じ銘柄を持ち続けるほうが、最終的な利益が大きいといいます。

一時的に大きな儲けがある人は、短期的に大きく損をすることもある。そのような振幅の幅が大きい人生も、それはそれでダイナミックで楽しいのかもしれません。

しかし、勉強があくまで将来の夢をかなえるための手段である以上、モチベーションの振幅の幅をできるだけ小さくして、最終的に大きな成果を得る道を選ぶべきです。

実際、受験生を見ていると、そのときどきで、モチベーションは上がったり下がったりしていますが、その振幅を最小限にとどめることができた人ほど短期間で合格しています。

簡単なことより、ちょっと難しいことを

では、モチベーションの下げ幅はどうすれば小さくできるのでしょうか？

やる気がなかなか湧かないとき、多くの人は「とりあえず簡単にできることを進めておこう」と考えます。

しかし、これは逆効果です。「簡単なこと」は「退屈なこと」である場合が多いので、

かえってモチベーションが下がってしまうおそれがあるからです。

会社の仕事でも、「今日はもうひとつ気持ちが乗らないから、頭を使う仕事は後回しにしよう」と、たまっていた事務書類などを書き始めると、ますますやる気が失《う》せる、書類一枚書くのも面倒くさくなる……という経験をしたことはないでしょうか？

モチベーションは、新しいこと・難しいことに挑戦しているときほど、高いレベルで維持することができます。

どの資格試験を受けようか迷ったときも、自分の主観で「ちょっと難しいかな」「大変じゃないかな」と思うぐらいの資格に挑戦するほうが、勉強は長続きします。司法試験も、「最難関の試験」といわれることが、受験生にとっては最大のハードルであると同時に、挑戦を続ける最大の原動力でもあります。

逆に、楽にクリアできそうなものを選ぶと、途中で飽きてしまって、かえって目標を達成できません。けっして、簡単なことだからモチベーションが維持しやすいわけではないのです。

そして、そのとき判断の基準にすべきなのは、あくまで自分の主観です。周囲から身の程知らずと言われることを気にしたり、下手に自分の分をわきまえたりしようとすると、「自分の挑戦心を一番かきたててくれるものは何か」ということが見えなくなります。

マンネリ対策は「ゲーム化」と「リセット」で

ひとつのことを続けていると、必ず「飽き」の時期がきます。

難しいことに挑戦しているときほど、モチベーションを高く維持できるとはいっても、目標を実現するためにやるべきことの大半は、「基本の反復」、すなわち「簡単で退屈なこと」です。いつも、新しいことばかりしているわけにはいきません。

しかも、資格試験のように勉強の範囲が決まっている場合、長く続ければ続けるほど、新しく学ぶ内容は減ってきます。その段階で、「自分が知らないこと」ばかり追いかけていると、重箱の隅をつつくことになり、基本がおろそかになって、合格からはどんどん遠ざかってしまいます。

そこで、マンネリに陥らず、基本の反復をいかに新鮮な気持ちでこなせるかが、モチベーションを持続させるうえで、重要になってきます。

これについては、「暗記」のところでもあらためてお話ししますが、中身は変えずに、簡単なことを「挑戦しがいのある難しいこと」に、「退屈なこと」を「楽しめること」に転化する工夫のひとつが、「ゲーム化」です。

といっても、特別なしかけが必要なわけではなく、「一定の時間で、何問解けるか」「一定の課題をどのぐらいの時間でクリアできるか」といった、タイムルールを設定するだけでも、かなり新鮮な気持ちで取り組めるようになります。

その際、小道具としてストップウォッチを用意すると、緊張感が高まり、さらに気分が盛り上がります。

もうひとつの工夫が「リセット」です。

私の教え子に、試験に不合格になって翌年また挑戦するとき、テキストも六法もすべて新しいものに買い換えて、講座もゼロから受け直すという女性がいました。

長く使っているテキストは、書き込みやマーキングでいっぱいになります。書き込みのしかたや重要度の色分けなどは、一人ひとり流儀があり、カスタマイズしたテキストは、受験生にとっては「お守り」のような存在です。

それを彼女は、毎年全部捨てて、ゼロから書き込みをしたりノートをつくったりしました。最終合格するまでの三回か四回、それを続けていました。

これは、新鮮な緊張感をもって試験に臨んでいくための、彼女なりの工夫だったのだと思います。ゼロから始めるとはいっても、もちろん講義の聴き方とか書き込む中身は、毎年少しずつ違って、過去の蓄積が反映されていたはずです。

一般にモチベーションの持続には、成果を目に見える形で残すことが、とても重要です。しかし最後の切り札として、目に見える蓄積をリセットするという逆向きの発想も効き目があることは、覚えておくといいと思います。

スランプになるのは、がんばっている証拠

努力を続けているのに、見合った結果が出ない——マンネリにならぶモチベーションの敵が「スランプ」です。このやり方でいいのか、こんなことを続けても無意味なのではないかという迷いや不安、無力感は、心のスキを狙って、たえず顔を出します。

しかし、スランプそれ自体はけっして忌み嫌うべきことではありません。

スランプは、その人が目標に向かってがんばっていることの証明です。「自分の掲げた目標よりも到達点が低い」ということですから、そもそも高い目標を持っていない人、なんらかのレベルまで到達していない人は、スランプに陥りません。

サボっている人に、スランプはないのです。

ゲーテは「人間は努力するかぎり迷うものだ」と言いました。私もよく受験生に「スランプにつきあたってこそ一人前」と言います。がんばって目標に近づいてきた証拠として、自分をほめてやってもいいぐらいです。

だから重要なのは、スランプをなくすことではなく、その期間をできるだけ短くすることです。調子のいいとき悪いときの幅をできるだけ小さくして、大きなスランプに落ち込んでしまう前に気づいて正しく対処する。

「これから先、ずっと気が抜けないのか」と思うとそれだけで疲れてきますが、「とりあえず大きなスランプさえ経験しなければいい」と思えば気が楽になって、「いまやるべきこと」に集中できます。

また、なかなか結果が出せない時期が続くと、「こんな努力をしていても意味がない」

「自分はもうダメだ」と考えて、ますます落ち込んでしまいがちです。

しかし、ここで気づいてほしいのは、「意味がない」とか「ダメ」という評価を下しているのは「いまの自分」だということです。

「いまの自分」は自分に見切りをつけられるほど、立派な存在でしょうか？　そもそもすべてのスランプは、訪れるべくして訪れます。それを「意味がない」と否定できるほど、「いまの自分」の判断力はあてになるでしょうか？

自問してみれば、大した存在でもない自分が、そのときの自分をマイナスに評価しているだけだとわかります。

そんなマイナス評価をクヨクヨしてもしかたない。ちょっと離れたところから、スランプに苦しんでいる自分を「一人前になったなぁ」と客観的に眺めて、ゆったりかまえる。

そうやって好不調の波を最小限に抑えてやっているうちに、ふと振り返ってみたらこんなに続けていた――というのが、理想的な続け方のパターンなのです。

「ひとつダメなら、全部ダメ」と思わない

スランプに直面したときには、自分の状況を客観的に観察する姿勢が大切です。そのためには、何がうまくいっていないのか、原因は何なのか、頭のなかにあることを紙に書き出してみると効果的です。

スランプには必ず原因がありますが、思いつくままに書き出してみると、意外に他愛ないことで不調になっているものです。

受験生が「勉強しているのに成績が上がらない」という場合、あまり寝ていないとか、ちゃんと食事をとっていないとか、何週間も休みをとっていないとか、そんな肉体的な原因で疲労が蓄積していたり、体調を崩していたりするケースがほとんどです。

また、スランプのときは、「もう自分は何もかもダメだ」と絶望的な気分になりがちです。しかし、具体的に何がダメなのかを書き出してみると、いろいろなことのなかの、ごく一部がうまくいっていないだけ、ということがよくあります。

勉強でいえば、ひとつか二つの科目で成績が伸び悩んでいるだけなのに、全部の科目がダメだと思い込んでしまう。

また、勉強が全般的に不調だとしても、その人の生活全体を見れば、勉強での不調は「一部」にすぎないのに、「自分は何をやってもダメだ」と思い込んでしまう。勉強がうまく進んでいなくても、仕事や家庭生活、友人との関係はうまくいっているはずで、何から何まで全部がスランプということはありません。

ところが、いったん気持ちが下降モードに入ると、人は、部分的な弱点を過大に受けとめてしまいます。

ひとりの女性にフラれただけなのに、「自分はもう女性にはモテない」と思い込むのがバカげているのは、だれでもわかります。それが、いったんスランプに陥ると、客観的な判断ができなくなってしまうのです。

このような「部分的な弱点の全体視」は、スランプからの立ち直りの大きな妨げになります。何か悩みごとがあっても、それを全体にまで広げず、問題を限定して対処のしかたを考えるのは、きわめて重要なことです。

さらに、「部分的な問題を全体視しない」こととならんで重要なのは、「短期的な問題を永続化しない」ことです。

いま起きている問題はたんに一時的なものであるのに、いつまでも続くように思ってしまう。ここでフラれてしまったから、自分にはもう永遠に彼女ができない。今年試験に不合格だったから、来年も再来年もダメにちがいない――このような思考に陥ってしまうと、やはりスランプからはなかなか脱出できません。

スランプに陥りそうなときには、「部分的な問題を全体視しない」「短期的な問題を永続化しない」という二つのポイントを、ぜひ自分に言い聞かせてほしいと思います。そのような内容をノートやカードに書いておいて、最近元気がないなと思ったときに、見るようにするのも効果的です。

私は自分の受験生時代、気持ちが落ち込んだときのために、自分自身を励ますメッセージを書いた「元気カード」をつくっていました。

いまでも、そのときの「天才は有限なれど努力は無限なり」などと書いてあるカードを見ると、またがんばってやっていこうという元気が湧いてきます。

「部分的な問題を全体視しない」「短期的な問題を永続化しない」とは、いいかえれば、スランプに陥ったときには、狭くなった視野を広げるのが大事ということです。気持ちのうえで広げるだけでなく、海を眺めたり夜空を見上げたりして、物理的に広い視野を持つのも、気分転換に役立ちます。

あるいは時間軸を広げて、自分の人生全体、さらには人類や地球全体の歴史に思いをはせるのもいいかもしれません。広大な自然や長大な歴史に比べれば、自分の抱えている問題がいかにちっぽけなものかがわかります。

「自分が弁護士になろうがなるまいが、地球全体からみれば、大した問題じゃない。自分が試験に失敗しても、地球は変わらず回り続けるんだから」

そうやって自分を相対化できれば、抱えていた悩みはとても些細《ささい》なものに思えてきます。謙虚に、自分がいまなすべきことだけを見つめて進んでいこうという、静かな意欲がきっと湧いてくるはずです。

「いいとき」はだれにでも必ず訪れる

どんな世界でもライバルの存在は重要です。「あいつには負けたくない」という気持ちを原動力にしてがんばるのは、とてもすばらしいことです。

しかし、その気持ちだけで突っ走っていると、アイツは合格したけれど、自分はダメだったというように、目に見える形で大きな差がついてしまったとき、気持ちが途切れて、大きなダメージを受けることがあります。

「他人との比較をしない」ことの大切さは前にもお話ししましたが、スランプに陥っているときは、なおさらそうです。

努力を続けてもなかなか成果が出ない。みんな成果が出ないのだったらそれほど気にならないけれど、一緒に勉強を始めたアイツは合格した、同期で入社したアイツは結果を出している――。

そもそも、他人と自分を比べたことがスランプのきっかけになっていることはよくあります。

しかし、人はみな固有の条件のもとに生きています。能力も環境も、何もかも違うところからスタートするのですから、結果が出るまでの時間が異なるのは当然です。

以前、ある女性の受験生から、「択一試験（司法試験の最初の試験）を初めて受けたら、答えどころか、問題文の意味もわかりませんでした」と泣きつかれたことがありました。

法律の基礎ができていないのだろうと思って話を聞いてみると、そうではなく、それ以前の日本語のレベルで問題があるらしい。さらに話を聞いてみると、本といえばマンガしか読んだことがなく、漢字もろくに書けない。

そこで、私は、法律用語や判決文によく出てくる言葉の漢字書き取りをアドバイスし、さらに、大学入試予備校の現代文の講座の受講を勧めました。

そうやってふつうに日本語の文章が読み書きできるようになるまでに二年、そこから先の勉強は順調で、さらに三年、法律の勉強に専念して、彼女は合格を果たしました。

彼女が法律家になるには、漢字のおさらいから始める必要がありました。それ以外に、合格のための選択肢はありませんでした。ですから、その五年間が長かったのか短かったのか、他人と比較しても意味はありません。

すべて人には、それぞれの「とき」があります。自分と同じことをして、自分より早くうまくいく人がいるとしても、それはその人にとっていいタイミングだったというだけです。

自分にも必ず「いいとき」が訪れます。すべてタイミング、順番の問題ととらえ、焦らず、目の前にある課題を淡々とこなしていけばいいのです。そうすれば、致命的なスランプにおそわれることもありません。

スランプの自分に「ごほうび」をあげよう

視野を広げるという意味では、自分とはまったく違う世界の人と話をすることも、スランプの克服につながります。

そこで得るものは、「情報」ではなく、「エネルギー」です。自分の心がスカスカなとき、前向きにがんばっている人と会って話をすると、バッテリーが充電されて、元気になります。

羽生善治さんも、「一つのことに打ちこんで続けるには、好きだということが根幹だが、そういう努力をしている人の側にいると、自然にいい影響が受けられるだろう」（前出『決断力』）といっています。

違う世界の人に会うだけでなく、服装や髪型を変えたり、部屋の模様替えをするといった気分転換も、スランプから抜け出すきっかけになります。

少し時間的に無理をしても、思い切って旅行に出てみるのも効果的です。煮詰まった気持ちを切り替えるには、知らない景色の中に身をおくのが一番です。

気分転換とは、心身両面で自分の居場所を変えることです。それは、本質的なことをよい状態で続けていくには、変えなければいけないこともあるという発想もあります。

それにより、狭くなっていた視野が広がり、自分自身を相対化して見られるようになると、スランプ脱出のきっかけも見つかるものです。

スランプのときには、自分に「ごほうび」をあげるのも効果的です。

たとえば、ふだん時間がなくて我慢していることをやってみる。読みたい本、聴きたい音楽、見たい映画などがたまっている人もいるでしょう。たまにはお洒落《しゃれ》なレストランにでも行って食事をしたい、という人もいるかもしれません。

ふつうは「目標を達成したらアレもコレもやってやろう」と考えます。

しかし、そのときは、手にした成功そのものが何よりも嬉《うれ》しい「ごほうび」なので、「それまで我慢していたこと」をやっても、じつはそれほどありがたみを感じないものです。

ならば、それはスランプの自分にプレゼントしてあげましょう。スランプに陥るのは努力している証拠ですから、「よくがんばった」と自分に「ごほうび」をあげてもいいのです。

私は、仕事などで行き詰まりを感じたとき、学生時代に大学のオーケストラのメンバーとして演奏していた（トランペットを吹いていました）曲をよく聴きます。そうすると、前向きな気持ちでがんばっていた当時のことを思い出して、昔の自分から元気を分けてもらえるような気がします。

ほかにも落ち込んだときに観《み》るビデオ、つらいときに読む本をとっておくといった小さな工夫で、抜け出せないほどの大きなスランプに陥ることを避けることができます。

睡眠・食事・ストレス、どれか二つをプラスに

好不調の波を小さくするためには、フィジカル面のメンテナンスもとても重要です。「心技体」の三拍子がそろって初めて最高のパフォーマンスを発揮できるのは、スポーツや武道の世界だけではありません。

勉強も仕事も、根っこのところで支えているのは体です。人間の気持ちは体の健康状態に大きく左右されるので、やる気を持続させるために、体調管理は不可欠です。

私が心がけているのは、「睡眠」「食事」「ストレス」の三つのコントロールです。

とはいえ、十分な睡眠時間を確保し、おいしくて栄養のあるものをしっかり食べ、しかも精神的なストレスも感じない……などという生活は、実際にはほとんど不可能です。

だからといって、三つともマイナスになってしまっては、すぐ体がパンクしてしまいます。二つがマイナスでも、かなりきつい。

ですから私は、三つのうちひとつがマイナスになるのはやむをえないとして、そのマイナスを他の二つでカバーするよう意識しています。

たとえば睡眠時間が足りないときは、よく食べて楽しく過ごす。ちゃんとした食事が

できないときは、よく寝てストレスをためない。人間関係のトラブルなどがあってストレスがたまってきたら、とりあえず食べて寝る。

私は学生時代、お金がなくて栄養のあるものをなかなか食べられなかったので、もっぱら「睡眠」と「ストレスのない愉快な生活」の二つで、気持ちを支えていました。

あとでもお話しするように、三つのうちでも、睡眠はとくに大切です。一日六時間なり八時間なり十分な時間を確保できるのがベストですが、時間の不足は、睡眠の質を上げることでかなりカバーできます。

いまは、ベッドの硬さや枕の形なども好みでいろいろオーダーできるようになっているので、時間は短くても深い睡眠をとる方法を自分なりに研究してみるといいでしょう。

「三時間睡眠」でも元気でいられる

私がふだん、夜ベッドに入って寝る時間は平均三時間ぐらいです。でも、移動の電車のなかなど、コマ切れの時間で補っているので、疲れは感じません。

最近の研究によれば、勉強などで頭を使ったときは、脳の表面にある大脳新皮質というところが疲労するのですが、これは五分程度の睡眠でも回復するそうです。

一方、人間関係などのストレスによる脳の疲労は、脳の奥のほうの古い皮質にたまり、これはじっくり眠らないと、とれないそうです。

ですから、疲れをなるべく脳の表面にとどめ、できるだけストレスをためないようにしていれば、コマ切れの睡眠時間でも元気でいられます。

とはいえ、世の中は思いどおりにならないことばかりです。ストレスの原因をなくすことは、できません。そこで、ストレスの原因をとりのぞくのでなく、ストレスをやりすごすためのセルフ・マネジメントが、大切になってきます。

具体的には、ものごとを悪いほうに考えず、「まあ、何とかなるだろう」と楽天的に受け止めることです。「自分が正しいと信じていることをやってるんだから大丈夫。いまはたまたま『そのとき』じゃないだけ」と自分に言い聞かせる。試練も障害も、すべて自分にとって意味のあることだと考えるのです。

そういう私も、昔はグズグズと引きずるタイプの人間でした。

子どもの頃から、何をやってもそこそこできる優等生で、挫折や失敗の経験が少ないまま大人になってしまいました。そのため、何かちょっとうまくいかないことがあると、考え込んでしまって、なかなか立ち直れない。

大学を卒業してからもそうでした。私は、当時の司法試験合格者のなかではかなり若いほうだったので、どこへいってもちやほやされていました。しかし、自分の打たれ弱さはずっとコンプレックスになっていて、「周囲が期待するほど、自分は立派な人間ではない」と、またウジウジしてしまう。

そういう自分をなんとか変えたいと思い、何か失敗やトラブルがあると、「来た来た。これは自分を鍛えるチャンスだ」と考えてみるようにしました。ものごとを楽観的に考える努力を十年ぐらい続け、これでやっていけるかなと思えるようになったのは、伊藤塾を立ち上げるぐらいのときです。

おそらくいまでも性格の根本的なところは変わっていません。ただ、それをカバーしてふるまうだけの術《すべ》を身につけることができたのだと思います。

そして、私がストレスをためずに健康な毎日を送ることができているいちばんの理由は、やはり自分の「好きなこと」を仕事にしていることです。いろいろ困難はあっても、やりたいことをやっていられるほど幸せなことはありません。

冒頭でお話ししたように、ものごとは「好き」というだけでは続けられません。そこで、ここまで、モチベーションの維持に効果的な考え方や技術をお話ししてきました。

ですが、そういった工夫をしながら、最後にいきつくのは、やはり「好き」「やりたい」という思いです。

つらいとき、退屈なとき、迷うとき、「だれかに無理やりやらされているわけではない。自分が好きでやっていることだ」と初心を思い出すことは、きっと前向きな姿勢を取り戻す、大きな助けになるはずです。

必死に考えて下した決断は、必ず正しい

「続ける力」はだれにでも平等に与えられています。

しかし、自分で「好き」「やりたい」「なりたい」と思って始めたことでも、必ずしも自分に向いていないことは、たしかにあります。自分には向かないとわかっていることを無理やり続けるほどつらいことはありません。

「やればできる、必ずできる」「最後まで絶対にあきらめない」が私の信念ですが、人生には、引き際や方向転換を考えなければいけないときもあります。

ただ、向いている・向いていないの判断はとても難しい。そこで私は、受験生から相談されると、「もっとやりたいことが見つかったのなら、やめればいい」とアドバイスしています。

いまやっていることがうまくいかないからやめるのではない。それより、自分がもっとワクワクできること、好きだと思えることが見つかったら、方向転換をすればいいと思います。

そのときに大切なのは、思いのレベルを下げないということです。

いまやっている勉強の結果が出ないからといって、もっと簡単そうな試験にチャレンジしても、なかなかうまくいかない人は多くいます。

転職も同じです。

伊藤塾には社会人の受験生も多くいますが、「いまの仕事にはそれなりに満足しているけれど、もっと新しいことに挑戦したい、幅を広げたい」という前向きな動機の人のほうが、早く勉強生活になじんで、結果を出していきます。

自分の過去を、失敗、挫折としてネガティブに評価してしまうと、次の場所でモチベーションを上げていくのが難しくなります。

ひとつのことを途中で断念しても、気の持ち方ひとつで、「その経験があったからこそ、いまの自分がある」とポジティブに受けとめることはできるはずです。「逃げ」ではなく、「攻め」として次のステップに進めるときが、理想の方向転換のタイミングなのです。

方向転換を考えるときに、もうひとつ大切なのは、「期限を決めて迷う」、いいかえれば、「いったん決断をくだしたら、あとは迷わない」ということです。

それまで続けてきたことを変えるときは、だれでも迷います。迷うこと自体は、けっして後ろ向きのことではありません。だから、一週間とか一カ月とか期限を決めて、必死で迷って考えればいいと思います。

そうやって、一生懸命に悩んで考えてくだした決断は、必ず正しい決断です。

もちろん、前向きな方向転換ができても、その後すべてが順調にいくわけではありません。自分が一度は「やりたい」と思ったことをやめたのであれば、後悔や未練を感じることもあるはずです。

しかし、短期的には「失敗した」と思っても、あくまで、いまの自分がそう思っているだけのことです。後悔や未練を感じることがあっても、そこでクヨクヨと思いわずらう必要はありません。

十年後の自分は、必ず「あのとき、あのように決断して正解だった」と思います。それは絶対に確信していいことです。

第三章　一流になる人の学び続ける技術

素直に学べない人は、続かない

この章では、どうやったら、ひとつのことを継続させて成果を上げられるかについて、テクニック的なことを中心にお話ししたいと思います。

二十数年間、私はいろいろな受験生を見てきました。

勉強を始めて一、二年で合格してしまう短期合格者もいれば、十年かかって志をとげた人もいます。これまで繰り返し「他人と比べることに意味はない」と言ってきたように、どちらがより優れ、どちらが劣っているということはありません。

ただ、短期合格者に多くの共通点があります。それらは、限られた期間にエネルギーを集中し、早く成果を上げるコツともいえ、勉強以外の場面でも広く役に立ちます。

共通点のひとつは、素直な人が多いということです。

どんな世界でも、入門者や初心者は、先生やコーチの指導に従うことが求められます。まず、指導者から与えられた「型」をこなすところから始めなければいけません。

剣道、書道、茶道、空手道といった「道」のつく世界では、修業の段階について、

「守・破・離」という言葉があります。もともとは室町時代に能を大成した世阿弥の言葉といわれています。

「守」とは、指導者の教えを忠実に守って、「型」をしっかり身につける段階のことです。そこで学んだ基本に自分のオリジナリティを加えるのが「破」、さらに指導者から独立して自分の道を切りひらくのが「離」。この三つの段階を経て、初めて一人前になることができます。

ところが素直でない人は、最初の「守」の段階で、「型」を受け入れることができません。変な自信があったり、いろいろな情報にまどわされたりして、指導者のいうことをきかない。

「続ける」ためには、まずきちんとした「型」を身につけることが不可欠なのに、それではなにも身につきません。ただ、ムダに時間が過ぎていくだけです。将棋でいえば、定跡の研究もしないでプロの棋士になろうとしているようなものです。

「学ぶ」という言葉は、「真似《まね》る」に起源があります。

ひとつのことをなしとげるには、まずは、いわれたとおりのことをやる素直さが大切なのです。

一流の人ほど「基本」を大事にしている

すべての短期合格者に共通するのが、「基本を大切にして繰り返し勉強する」という点です。

伊藤塾の講座でいえば、「基礎マスター講座」という講座が最も基本の講座です。合格体験記では、どの短期合格者も、

「論文はもちろん、択一や口述試験の直前にも基礎マスターのテキストを何度も読み返しました」

「基礎マスターは合格の最も重要な講座だったと感じます。私は結局、合格までに基礎マスターのＤＶＤを三回観て反復継続しました」

と、基本の大切さを語っています。

基本の大切さはだれでも知っています。知りながら、なかなか実行できないのは、前

にもお話ししたとおり、基本の反復は単純で退屈だからです。

私は小学校から大学を卒業するまでトランペットを吹いていました。金管楽器の場合は「ロングトーン」と呼ばれる基礎練習が欠かせません。

ロングトーンとは、ドレミファソラシドの音階を上がったり下がったりしながら、それぞれの音を一定の長さで吹く練習です。正直、楽しいものではありません。

では、司法試験の短期合格者たちは、どうして、単純で退屈な基本の反復を実行できたのでしょうか？

「やるべきことを絞り込む」「生活の原則にしてしまう」といった、前にお話しした工夫のほかに、彼らに共通するのは、「ゴールからの発想」をしていることです。

短期合格者の勉強法を見てみると、ほとんどの人がかなり早い段階で実際の試験問題を解く訓練を始めています。それにより、本番の試験ではいかに基本的なことが繰り返し出題されているかを知り、基本の反復が本番での高得点に直結することを、日々、実感しているのです。

基本練習の効果を実感できれば、飽きを感じることも少なくなります。

これは、司法試験以外の試験の、過去問の勉強についてもいえることです。

過去問は本番直前に、試験の傾向を知ったり、ヤマをはったりするためにやるものと考えている人もいます。しかし、勉強を始めてできるだけ早い段階で実際に解いてみることが、最も効果の高い過去問の勉強法です。

勉強以外のことであれば、自分の目指す世界のトップ・プレーヤーが日頃どんなトレーニングをしているのかを知ることも、とても参考になります。

オリンピックで金メダルを獲るようなアスリートも、ベルリン・フィルの首席トランペット奏者も、日々の訓練は、入門者がしていることと大きく変わらないはずです。「これを続けることが金メダルにつながる」と具体的にイメージできれば、退屈な基礎練習にも耐えやすくなります。

その意味で、「ゴール」を知ることはとても重要なのです。

間違えて恥をかく場を自ら進んでつくる

短期合格者には、「恥をかくことを恐れない」という共通点もあります。

伊藤塾には、講義や自習中の質問を受けつけるスタッフがいます。また、大教室での講義のほか、少人数で一問一答できる、対話形式のゼミもやっています。短期で合格していく人たちは、熱心に質問に来ますし、ゼミでも積極的に発言します。

「もともと優秀な人たちだから、そんなふうにできるんだろう」と思う人もいるかもしれません。しかし、彼らはけっして難しい質問をしたり、レベルの高い発言をしているわけではありません。

彼らがほかの人と違う点は、「こんな初歩的な質問をしたら恥ずかしい」と思って、質問するのをためらったりしないことです。

自分の無知や間違いを人から指摘されるのは、だれでもイヤなものです。しかし、簡単なことを知らない・できないから入門者なのであって、それを恥ずかしがっていたのでは、前に進めません。

私は受験生に、「本試験で恥をかかないよう、いまのうちに恥をかけ」と言います。最初の段階で誤解やカン違いを修正し、弱点を克服しておかなければ、本番の試験で恥をかくことになります。

また、どんなに恥をかいても許されるのは、受験生の間だけです。実務についてからの失敗は、他人や社会に迷惑をかけることになるので、「恥ずかしい」ではすみません。

人前で間違ったことは、強く印象に残るので、二度と間違えることはありません。人前で「恥ずかしい」と感じることは、とても学習効果の高い体験ともいえます。

だから、入門者の段階では、かっこつけず、間違えて恥をかく場を積極的に多く持ってほしいと思います。

「恥をかくことを恐れない」とは、「人の目を気にしない」ということでもあります。

よく、「もう若くないから」といって、新しいことを始めるのをためらう人がいます。たとえば四十歳を過ぎた人が、語学や司法試験の勉強にチャレンジしようとすると、「いまさら何を」とか「もう記憶力も落ちてるのに」などといった声も聞こえてきます。

でも、人間は何歳になっても成長する存在ですし、人の能力はそれぞれ違います。一人ひとりがみな違っていていいということは、「個人の尊重」として、憲法で認められた価値でもあります。

生き方はそれぞれ違っていていい、ほかの人と同じである必要はないことを、しっかりと自覚するのは、何をするうえでも、とても大切です。

新しいことを始めるタイミングは、年齢を問わず、自分が「いまから始めよう」と思ったときが、ベストのタイミングであり、いちばん長続きするタイミングなのです。

若くて、体力も気力もありあまっている時期でも、「周囲がみんな始めたから自分も」という理由で始めることは、長続きしません。

大事なのは、世間の多数派に従うのではなく、自分自身の意欲が高まっている時期を逃さないことです。その意味で、「人の目を気にしない」ことは、「続ける」ためのとても重要なノウハウといえます。

学校は講師の見た目で選んでよい

資格試験の勉強や、語学学習、またダイエットなどを始める人がまずするのは、勉強法やダイエット法の本を読むこと、それも最初の一冊で満足することは少なく、二冊や三冊は読むのが平均ではないでしょうか？

また、いまはインターネットを使って、情報はいくらでも集めることができます。司法試験の世界でも、参考書や問題集の評判、講座の評判、講師の評判を書き込んだ掲示板やサイトは山のようにあります。

しかしここでも、「みんなのやり方に振り回されない」「人の目を気にしない」ことが大切です。

人は能力もモチベーションも環境もそれぞれ違います。だから「みんな」に評判のいい勉強法が、自分に最適な勉強法だとはかぎらない。

「司法試験は、合格する人のほうが少ないんだから、みんなと同じことをしていたら落ちるよ」と私はよく受験生に言います。

重要なのは、どんな勉強法を選ぶかということより、それを続けられるかどうかです。「カリスマ講師」も、ベストセラー参考書も、それを利用して気持ちよく勉強を続けられなければ、自分にとってはなんの価値もありません。

だから、講座やテキストを選ぶときには、世間の評判よりも、自分との「相性」を優先させるべきです。

「相性」を見きわめるのは、直感です。

私たちはだれかと友だちや恋人になるとき、時間をかけて試してから、「相性がいい」と判断するわけではありません。関係が始まるかどうかは、最初の印象のよしあしで決まっています。そしてそのときの判断は、あとから考えても、たいてい正しいものです。

講座や学校を選ぶのだったら、建物に最初に入ったときの印象、他の受講生の様子、受付の雰囲気……そんな印象で決めてかまいません。参考書選びでも、書店で手にとってパラパラとページを繰ってみると、必ず何か感じるものがあるはずです。

とりわけ講師の外見・声・話し方など、講師との相性は重要です。私の話し方が気に入らない受験生が、私の講義を受け続けられるとは思えません。

出会った瞬間に「これなら気持ちよく続けられそうだ」と、ウキウキしてきたり、ワクワク感じられるやり方が、その人にとってベストな方法です。そのような自分の感性を大切にしてほしいと思います。

ネットの書き込みは読まない、近づかない

自分がワクワク感じられるようなやり方に出会ったら、もうそれ以上の情報収集は不要です。自分の感性を信じて、浮気をせずに、それで徹底的にがんばるべきです。

「手を広げない」ことは、とても重要です。

たとえば、百時間を勉強にあてられるとしたら、十のことを十時間ずつやるより、ひとつのことを十時間ずつ十回繰り返す。そのほうが、学習効果ははるかに高まります。

「やるべきことを絞り込む」ことは、短期合格者に共通する点でもあります。

ある人は合格体験記で、

「自分が知らないことに出会ったら、それがテキストに書かれていることなら、勉強不足と自己をいましめ、書かれていないことなら、重要性において劣るものと考え、手を出さないことにしました」

と書いています。

魅力的に見えるノウハウはたくさんあります。書店に行けば、あれもこれも買い込みたい誘惑にかられます。実際、そのなかには、本当に役立つことも多くあるでしょう。

それでも、勇気を持って、それらは切り捨てるべきなのです。「自分はこれでいいんだ」という、割り切りが必要です。

人は、勉強法の選択をミスして失敗するのではありません。選択ミスを怖がって迷い続けることで、挫折してしまうのです。

とりわけ、批判的な情報には慎重に接するべきです。

インターネットで検索すれば、自分が選んだやり方にケチをつけている人は、必ず見つかります。しかし、そういった書き込みの大半は匿名で、無責任に言いたいことを言っているだけという場合が少なくありません。

たんなるウサ晴らしの悪口であっても、読めば、どうしても心は動揺します。かりに信頼できる情報が混ざっているとしても、その真偽の見きわめに時間を費やすよりは、マイペースの勉強を着実に続けていくほうが、費用対効果がはるかに大きい。

ですから、そのようなところには、そもそも近づかないことが賢明な選択といえます。

「成功」も「失敗」も等価値である

自分が決めたやり方をなぜ徹底的にやるべきなのか？

それは、よい結果が出なかったときに、何がいけなかったのかを適切に判断するためでもあります。

勉強の成果が上がらない場合、その理由は「勉強法が不適切」か、「本人の努力が足りない」か、のどちらかです。そのとき、あちこちに浮気して余計なものに手を出していたのでは、何が失敗の原因なのかがわかりません。

本当は努力不足で実力が伸びないだけなのに、「この講座じゃダメだ」「この参考書じゃダメだ」と、次々と余計なものに手を出していくのは、典型的な自滅のパターンです。

逆に、ひとつに絞り込んで徹底的に勉強したのに成果が上がらないのであれば、迷うことなく、別のやり方に切り替えればいいだけです。

私は、司法試験の勉強をしていたとき、一年間、まったく新しい勉強方法に挑戦したことがあります。ほかの人とはまったく違う勉強法でした。

自分なりの確信を持って始めた勉強法ですが、もちろん不安はありました。その分、手を抜かず、必死になってやろうと決めました。

もし一年後に不合格だったとき、手を抜いていいかげんにやっていたのだったら、やり方が間違っていたのかどうか判断がつかないと思ったからです。

そのとき意識していたのは、「結果が出なくても、そこで得るものがある勉強のやり方をしよう」ということでした。

自分がやってきた方法を変えると、それまでの時間がムダになるような気がします。しかし、「もうこれ以上できない」と思うぐらい必死でやってきたのであれば、どんな失敗も挫折もムダにはなりません。

「次につながる失敗」や「そこから何かを得られる失敗」は、本当の失敗ではないのです。

司法試験でいえば、目標は合格すること、さらにその先の「合格後」の仕事にあるので、合格するのが一年遅れたからといって、なんの問題もありません。その分、一年長生きすればいいだけのことです。

直近の試験で不合格でも、その経験を生かせれば、その不合格には大きな価値があったことになります。「合格」も「不合格」も、「成功」も「失敗」も、人生全体から見れば、等価値なのです。

「楽して合格！」式の本は要注意

「何を選ぶか」より「選んだものを続ける」ほうが大事とはいえ、できるだけ適切な、効果の高いやり方を選んだほうがいいのは、たしかです。

また、いまはどんな分野でも、ものすごい数の参考書や解説書があるので、相性以外にも基準がないと、なかなかひとつに絞りきれないかもしれません。

そこで、勉強などのノウハウ本を選ぶときの一般的なポイントをいくつか挙げておきましょう。

ひとつは、全体的にバランスのとれた内容になっているかどうかです。

「これだけ暗記すれば絶対合格！」「一日に五分テープを聞くだけで英語がペラペラに！」「〇〇だけ毎日食べれば、ウエストが五センチ引き締まる」など、世の中には、極端なやり方を売り文句にする本がたくさん出ています。

勉強もダイエットも、できるだけラクに続けたいと思うのは人情なので、どうしても「楽して合格！」式の本には、手が伸びます。

しかし、これまでお話ししてきたように、どんな世界でも、目標を達成するには、コツコツと地道な努力を「続ける」ことだけが王道です。ラクな近道はありません。

だから、本気でそのことに取り組むつもりなら、あまり極端なやり方を勧めるものは信用できない、と考えたほうがいいと思います。

また、最終的な「ゴール」を意識した内容になっているかどうかも、選ぶときの重要なポイントです。司法試験の参考書なら、本試験を視野に入れた書き方をしているかどうか、といったことです。

学ぶ人が目的意識を見失わず、目の前の勉強が「何の役に立つのか」ということを自覚できる勉強法ほど、長く続けることができます。

そうやって、「ゴール」を明確に示したうえで、基本的な項目に多くのページを割いているなら、全体のバランスについては申し分ないと思います。

半年に一度は、情報を棚おろしする

書店に行けば、「ちょっと目を通しておいたほうがいいな」と思う本はたくさんあります。

私は、新しい本を買おうかどうか迷ったときは、「その本を三回読んで自分のものにできるだけの時間的な余裕があるか。それほどほしいか」を自問するようにと、受験生にアドバイスしています。

でも、できるだけ新しいものに手を広げないようにしていても、本や問題集、資料などは、どうしても増えていきます。また、続けていくうちには、途中で不要になるものもたまってきます。

そこで、半年に一度とか一年に一度は、情報の「棚おろし」が必要です。

持っている本や問題集、資料のファイルなどを全部ならべて、以前は何度も読んだけれどいまは使っていない本、もう自分には必要ない本などは、思い切って捨ててしまう。捨てられなければ、ダンボール箱にでも入れて押入のなかに片づける。

そのまま本棚にならべておいたのでは、そちらに気が散ってしまうので、とにかく、自分の目に触れないところに隠してしまうことが肝心です。

私自身、ものが捨てられない性格なので、受験生時代は何度か本を箱詰めして、意識の外に追いやったことがありました。

ある目的のために努力を続けるとは、同じことを同じ環境でダラダラ続けることではありません。継続すべき本質を変えないために、ときには環境を変えることが必要です。

情報の棚おろしもそのひとつです。勉強に関わる情報環境は、ぜひ意識して定期的にリフレッシュしてほしいと思います。

第四章 勉強・仕事をやりとげる計画術

計画は、実行するより「立てる」ことが大事

ひとつのことを続けていくためには、計画が不可欠です。

計画を立てるときには、長期・中期・短期の三つのスパンで考えるとうまくいきます。年一回の試験のための計画であれば、一年単位・三カ月単位・一週間単位ぐらいで考えます。

長期・中期のスパンはやることの性格によって変わってきますが、一日〜一週間単位の短期の計画は、何をやるときでも必要です。

ところが、計画を立てずにものごとを始める人が、けっこういます。計画を立ててもどうせ実行できないから、計画に追われるのはプレッシャーになってつらいから、計画の立て方がわからないからなど、理由はいろいろです。

計画を立てるというと、みな、「どのような計画だったら実行できるか」という点にエネルギーを使いがちです。しかし、計画は「立てること」それ自体に最も大きな意味があります。

どんなラフであっても、計画を立てる段階では、だれでも、最終的な目標達成のために何をやらなければならないかを、一応考えます。すなわち「全体像」の把握であり、伊藤メソッドの「ゴールからの発想」にあたります。

全体像を把握したうえで、「やるべきこと」をスケジュールに落とし込む――この作業が、努力を続けて目標を達成するために、とても大きな意味を持っているのです。

新しいことに取り組む場合、何をどの程度のペースでやれるかを事前にきっちり予想するのが難しいのは当然です。「やってみなければわからない」部分は、必ずあります。やってみて実行できなければ、計画を立て直せばいいだけです。計画はつねに変わって当然です。プレッシャーに感じることなく、ぜひ計画を立てる作業をしてほしいと思います。

遅れていなくても、時期を決めて「見直し」

自分で立てた計画が重荷になって、「予定よりこんなに遅れてしまったから、もうダメだ」と、やる気をなくしてしまったり、やっていること自体を投げ出してしまう人もいます。

そのような失敗は、欲張って詰め込みすぎ、非現実的な計画を立ててしまうことで起こります。

かといって、あまりラクな計画を立ててしまうと、緊張感が保てません。「今日はサボって明日まとめてやればいいや」と、ノルマを先送りするクセがつくおそれもあります。

ですから、レベルでいうと、「楽勝」でこなせるよりちょっと負荷がかかるぐらいが、計画としては理想的です。全力疾走ほどハードではなく、散歩や軽いジョギングよりはつらいぐらいの感じです。

現実には、どのような計画を立てても、少しずつ「遅れ」が生じるのがふつうです。しかし、いくらか勉強の進み具合が遅れたとしても、そんなに焦る必要はありません。

大切なのは、実行してわかったことを踏まえ、計画をつねに見直していくことです。計画とは、立てて終わるものではなく、「実行」→「反省」→「修正」→「実行」……というサイクルまで含んでいます。

逆に、いつまでも最初の計画を実行することにこだわっていると、遅れが取り戻せないほど大きくなって、挫折するきっかけになりかねません。

その意味で、計画の見直しは、一定のサイクルで定期的に行うべきです。

一カ月に一度でも三カ月に一度でもいいので、見直すタイミングを決めておいて、その時期になったら、たとえ順調に進んでいたとしても必ず検証する。

「煮詰まったときに見直せばいい」と思っていると、いくらか遅れていても「もうちょっとがんばれば追いつける」と考えてしまいます。

でも実際には、遅れは雪だるま式にふくらんでいくものです。気がついたときには、計画を見直して修正する気にもならないような状態になってしまいます。

とくにまじめな人は、「計画どおりに実行できないのは、自分がダメだからだ」と自分を責める気持ちが強いので、そうなりがちです。そういった事態を避けるためにも、一定のサイクルで計画を見直すことは大切なのです。

遅れは、取り戻すのでなく「リセット」する

見直しの際のいちばん大事なポイントは、「いかに遅れを取り戻すか」という発想で計画を修正しないことです。積み残してきた分を消化しようとすると、「いまやっておくべきこと」がどんどん後回しにされてしまうからです。

勉強にかぎらずどんなことにも、全体の計画のなかで「いまの時期にやっておくべきこと」があります。ですから、まずはそれを時期を逃さずにやれるような形で、計画を修正するのが第一です。

そして、積み残してしまったものは後回しにして、時間に余裕ができたときに少しずつ消化するようにする。いったん計画そのものをリセットして、優先順位をつけ直すわけです。

伊藤塾の司法試験の講座は、憲法↓民法↓刑法の順で進みます。ひとつの科目が終わるときには、たいていの受験生が、復習がすんでいない積み残しを抱えています。

ＤＶＤなどを利用した在宅受講をしていると、自分でペースを調整できるので、なかには、前の科目の復習が終わるまで、次の科目に進むのを遅らせる人もいます。

しかし、そういうやり方はうまくいかないことがほとんどです。実際、次の科目に進むのは、自分の予想よりずれこむのがふつうで、そうこうしているうちに、さらに次の科目も追いかけてくるからです。

ついには周回遅れのようになってモチベーションも下がってしまい、「どうしたらいいでしょう？」と泣きつかれることもたびたびです。

そうならないために、「いままでの遅れはいったんおしまい。またここから新たに始めよう」という、オールリセットが必要になります。仕切り直しのタイミングを意識的に設けることは、モチベーションの維持という点でも、とても大切なのです。

また、見直し作業をしてみると、「積み残し」だと思っていたことが、じつはもう必要がないと気づくこともあります。あるいは、「絶対にやらなければいけない積み残し」と「余裕があればやったほうがいい積み残し」に分けられることもあるはずです。

そうやって「やるべきこと」を減らしていくことも、計画の見直しの大きな目的です。

やること・やったことを「見える化」する

「実行」→「反省」→「修正」というサイクルを進めるためには、計画を具体的に「見える」形にしておく必要があります。自分が何をやることになっていて、何を積み残してきたのかが漠然としていては、反省も修正もしようがありません。

まず重要なのは、スケジュールを「紙に書く」ことです。

スタートからゴールまでの勉強計画をカレンダーに書き込み、机の前に貼るなり、手帳に入れて持ち歩くなりして、つねに自分の「居場所」を確認できるようにする。いわばロードマップのようなものを作成します。

これがあれば、計画を見直すときに、過去の何を反省して、未来をどう修正すべきなのかということが、ひと目でわかります。

また、全体像を把握するには、ゴールまでのスケジュールがなるべく直線的に見える形にするのがお勧めです。

私は、受験生時代には、半年分を一覧できる大きなスケジュール表を、机の前に貼っていました。

たとえば「試験当日まであと三カ月」というとき、頭の中で考えているだけだと、つい「一年の四分の一だから、まだけっこうあるな」と思ってしまいます。しかし、大きなスケジュール表にしておけば、「あと九十日しかない」ことが一目瞭然でわかります。

そうすると、一日に一個ずつ何かをやっても当日まで九十個しかできない、だとしたら何を優先的にやったらいいのか、という方向に頭が働くようになります。

また、計画を紙に書くだけでなく、自分が実行したことを目に見える形で残しておくことも大切です。

厚い本を読んでいると、読み終わったところだけ、ページの端が手垢《てあか》で黒ずんできます。その汚れた部分がちょっとずつ厚くなっていくのを見て、「よくここまで読んだなぁ」と、達成感が湧いた経験のある人は少なくないでしょう。

勉強もこれと同じで、自分のやったことを形に残すのは、計画の見直しをしやすくするというだけでなく、モチベーションを持続させるうえでも、とても効果的なのです。

消化した計画を赤線で消していくとか、講義用のノートや単語帳など自分で書きためたものを、目に見えるところに整理して重ねていく。そういった、自分を励ますための、成果を形に残す工夫を、ぜひ考えてほしいと思います。

悩みも優先順位も、すべて「紙に書く」

「見える」形にすることは、なにごとにおいても重要です。

最近は、ビジネスの世界でも「見える化」という手法が注目を集めています。工場などで起こるトラブルを、目に見える形にすることでメンバー全員で共有し、生産効率を上げるという手法です。「カイゼン」で有名なトヨタ自動車が発祥といわれています。

「見える化」は、個人のメンタルな問題の解決にも効果的です。

スランプに陥ったときは、思いつく原因を書き出してみるといいと、前にお話ししました。同じように、不安や悩み事があるときも、全部、紙に書き出してみると、頭の整理に役立ちます。

試験が近づくのが怖い。
←なぜ？

落ちるのがイヤだ。

←なぜ？

親にもうしわけない。友達が受かっているのにカッコ悪い。

←なぜ？

親……

自分……


　このように、三段階ぐらい掘り下げていくと、不安や、イヤだと思う気持ちの原因が見えてきます。しかも、不安の根っこにあるのは、見栄とか取り越し苦労など、大したことではない場合がほとんどです。

　そうすると、「結局そんなことなら、不安に思う必要もない」と考えられるようになります。書き出した紙は、くしゃくしゃっと丸めて、ゴミ箱に捨ててしまえば、不安も一緒に捨ててしまった気になり、スッキリします。

　私は、将来の不安を相談しにくる受験生に、よくこの方法を勧めています。

また、机の前に貼る長期のスケジュール表のほかに、毎日やるべきことを書き出す作業は、ぜひすべきです。

朝起きて、または前日の夜に、簡単なメモ用紙でいいので、その日やることを優先順位をつけて箇条書きにする。

大事なのは、「毎日メモをつくる」だけでなく、「優先順位をつける」点にあります。やることの優先順位をつけると、次に何をしたらいいか迷う時間がなくなります。あとでお話しするように、一日のなかから、こういった五分十分の「空白の時間」を減らしていくのはとても大事なことです。

さらに、優先順位をつけると、やることの絞り込みができます。これが最も重要な点です。

ビジネスの世界には、「売れ行き上位二割の商品が、売り上げの八割を占めている」という「80対20の法則」(パレートの法則)があります。

これを試験勉強にあてはめれば、重要度の高い二割をきっちり勉強しておけば、試験範囲の八割はカバーできる、ということになります。実際、司法試験をはじめ多くの試験にこの法則はあてはまります。

新しいことが入ってきたり、後回ししてもよくなったりして、優先順位は日々変わっていきます。それを毎日確認して、フレキシブルに対応していくことが、目標の達成につながります。

「要領がいい」とか「仕事ができる」といわれる人は、結局、優先順位をつけるのがうまい人です。何を、どのタイミングでやらなければいけないのかを、つねに考え、効率的に行動できる人たちです。

優先順位は、受験勉強であれば、試験の動向などの外的要因によっても変わるし、自分の実力の伸び具合によっても変わります。それにたえず注意をはらい、素直に対応できることは、とても大切なスキルなのです。

「何時間やるか」は「計画」ではない

「紙に書く」ことに加え、もうひとつ重要なのは、目標を「数値化」することです。

一カ月なら一カ月、一週間なら一週間のうちに、どれだけの勉強をするのかを数字に決めておかないと、「実行」→「反省」→「修正」のサイクルはうまく回りません。

ここで注意するのは、目標を「時間」で立ててはいけないということです。

計画を立てるというと、「平日は毎日三時間、週末は五時間、勉強しよう」とか「月曜は英語と数学を一時間ずつ、火曜は国語と日本史を一時間ずつ……」といった形をまず思い浮かべます。

しかし、これはたんなる「時間割」であって、「計画」ではありません。ただ「一日三時間」を目標にしただけでは、机に向かって三時間ボーッとしているだけでも、目標を達成したことになってしまいます。

とくに勉強慣れしていない人は、「今日は十時間勉強した」と日記につけるだけで満足してしまいます。

もちろん、そのことにどのぐらいの時間をあてるのかは、正確に把握しておく必要があります。しかし、あてられる時間は、現実としてもう決まっていることであり、時間割づくりは、その確認作業にすぎません。

それをふまえたうえで、限られた時間に、どれだけの勉強量を押し込むかを決めることが、計画の最も肝心なところです。一時間で本を「何ページ」読むのか、「何問」解くのかを決めることが、目標を「数値化」するということなのです。

勉強も仕事も、コツは「皿回し」

「時間割」は「計画」の前提ですが、そこでも科目をローテーションさせて気持ちを切り替えるなど、モチベーションを持続するための工夫が必要です。

複数の科目がある試験なら、一定の期間に同じ科目だけ集中して勉強するより、二科目か三科目を並行して勉強するほうが、学習効果は高くなります。

ひとつの科目に集中するほうが効率がよいように思えますが、長い時間をとると必ず中だるみします。それより時間を短く区切ったほうが集中力が高まります。科目を替えることは、気分転換にもなります。

また、ひとつの科目ばかり長く集中して勉強していると、その間に、ほかの科目で勉強したことを、忘れていってしまいます。

私は、よく受験生に、勉強は「皿回し」だと言います。

これまで司法試験は六科目でした。その勉強は、ちょうど六本の棒の先に載せたお皿を同時に回し続けているようなものです。

まず憲法の皿を回し、次に民法の皿を回し、刑法の皿を回し……と最後の皿まで回していくうちに、最初の皿が落ちそうになるので、慌てて戻る。

プロの皿回し芸人は、つねに大忙しで皿を回しているわけではなく、ときには手を休めて全体を眺めたりしています。

勉強もこれと同じで、初心者は、最初は二、三枚回すだけでも手一杯です。しかし、次第に素早く少ない力で回転を増すコツが身について、最後の本番には、六枚全部をトップスピードで回せるようになります。

ポイントは、一枚ずつ順番にトップスピードに仕上げていくのでなく、落ちそうなところを食い止め食い止めしながら、平均してスピードを上げていくところにあります。

司法書士の試験は十一科目、公務員試験は数え方にもよりますが、国家I種法律職では教養と専門科目を合わせて二十八科目と、科目数の多い試験はほかにもいろいろあります。また、複数の科目を並行させるほか、「仕事と勉強と家事」のように複数のことをかけもちする場合にも、この「皿回し」のイメージトレーニングは役に立ちます。

「予備日」と「休日」ははっきり分ける

計画を立てるときには、「メインの計画」「サブの計画」「休み」の三つの配分も大切です。

「メインの計画」とは、新しいことを学んで力を伸ばすための計画です。

「サブの計画」とは、復習をして、身につけた力をキープするための計画です。

このうち、ついおろそかになるのが、「サブの計画」です。

勉強にかぎらず、スポーツも楽器の練習も、それまでに身につけた力をキープしながら、新しいスキルを磨いていかなくてはなりません。

しかし、知らないことを学んだり、できなかったことができるようになるのは楽しいので、気持ちはどうしてもそちらに向きがちです。「力を伸ばす」と「力を維持する」のバランスをとることが、計画を立てるうえではいちばん難しいところかもしれません。

また、このバランスは、ゴールまでの距離に合わせて変えていく必要があります。最初のうちはすべてが新しい学習なので、「力を伸ばす」がメインです。しかし、少し進めば、すぐに「復習」が必要になります。しばらくは、前者が八割から九割、後者が一割から二割といったところでしょうか。

その差は計画が進むにしたがって縮まり、やがて五分五分のウエイトになります。さらに、こんどは主従が逆転して、「力を維持する」がメイン、「力を伸ばす」がサブになる。

試験勉強であれば、試験の直前には新たに学ぶべきものがなくなり、「力を維持する」ことだけになっていなくてはなりません。

こうして新しく学ぶことが少なくなったときに、退屈さをうまくコントロールして復習を続けられるかどうかが、成否を分けるポイントになることは、前にもお話ししました。

計画全体のバランスという点で、もうひとつ忘れてはならないのは、「休み」をあらかじめ組み込んでおくことです。

計画というと、どうしても「すること」ばかりを詰め込んでしまい、「休み」を入れることには罪悪感を抱きがちです。

まったく休みをとらなくても、そこそこタフな人なら、三カ月ぐらいは走り続けることができます。しかし必ずどこかで限界がきます。

いったん大きなブランクをつくってしまうと、再開しても、その間に忘れていることも多く、すでに到達したはずのラインよりも後ろから始めなければならないことがよくあります。

結局、集中するときと、休むときのメリハリをつけ、同じペースで続けていくほうが、効率がいいのです。

そのためには、「休み」を「サボり」とは考えない。「休むのも勉強のうち」「休んでいる時間も、ゴールに向かって進んでいる」という意識を持つ必要があります。

また、「休日」を「予備日」と考え、積み残した分をそこで消化しようとする人もいますが、それだと、現実的には休みが侵食されてしまいます。

それぞれ一日ずつ確保できないときには、午前中は「予備日」、午後から夜までは好きなことをする「休み」という形でもよいので、やはり休みと予備日は別々に設定すべきです。

睡眠時間は絶対に削ってはいけない

睡眠時間を削って勉強時間を確保することも、絶対に避けるべきです。

世の中ではよく、「寝食を忘れて取り組む」のが、熱心でよいことのように言われます。

また、「三日連続で徹夜なんだよ」とか、「平均二時間しか寝ていないんだ」といった徹夜自慢、寝不足自慢の人もよく見かけます。

睡魔と闘いながらがんばるストイックな姿がカッコよく見える心理も、わからないではありません。私自身、学生時代はかなりの無茶をしたこともあります。

しかし睡眠時間を削るのは、あらゆる勉強法の中でも最悪の勉強法です。徹夜では、勉強は絶対にできません。

というのは、人間の脳は寝ているあいだに、記憶を整理して定着させるという、きわめて重要な働きをしているからです。睡眠時間は、ムダな時間どころか、勉強のための不可欠な時間なのです。

冒頭でお話ししたように、ものごとを続けるためには、それを日常生活の「例外」ではなく「原則」にする必要があります。寝食を忘れることは、どうやっても「原則」にはなりません。

しっかり食べて、よく寝ることは、「続ける」ための必須条件です。

もっとも、必要な睡眠時間は人によって違うので、自分にとって適切な睡眠時間はどのぐらいかを、把握する必要があります。

一般に睡眠は深い眠りであるノンレム睡眠と、浅い眠りのレム睡眠が約九十分単位で繰り返されるといわれます。だから、四時間半なり、六時間なり、睡眠リズムの切れ目のいいところで起きると、熟睡感があり、すっきり起きられるようです。

私は、目覚まし時計を毎朝五分ずつぐらい早くかけて、自分がいつ、いちばんすっきり起きられるかを調べたことがあります。

私の場合、幸いなことに寝つきもいいので、とりあえず夜、三時間寝られれば、あとは日中にコマ切れの睡眠を補うことで、一日元気に活動できることがわかりました。

いまは、「あと三時間後に起きよう」と思ったら、目覚まし時計なしで起きられます。寝る前に時計を見て、「明日は朝の会議があるから七時半には出かけなくちゃいけない。じゃあ、六時半に起きよう」と念じる。そうすると、念のため目覚まし時計もかけますが、六時二十八分ぐらいに目が覚めます。

時間は「つくる」のでなく「見つける」もの

「睡眠時間を削らなければ、新しいことをする時間が捻出《ねんしゅつ》できない」と思っている人には、起きてから寝るまでの自分の一日を、十五分単位で見直してみることをお勧めします。

「食事は三十分ぐらいで食べ終えていたのに、この前後はなんだろう」とか「こんなに長い時間、お風呂に入っていたはずはない」など、何をしていたのか思い出せない時間帯が必ずいくつもあるはずです。それがムダな時間です。

そうやって見つけ出した時間を有効に活用すれば、睡眠時間を減らさなくても可処分時間は増えます。

時間は、つくり出すものではなく、見つけるものなのです。

時間を見つけ出したら、次は、その時間の長さや性質にうまく合うことを入れこんでいきます。たとえば、食事のあとはどうしても眠くなるので、本を読む時間には向かない。勉強するなら、暗記用のカードをつくるなど手作業のほうが向いています。

また、五分とか十分のスキマ時間に、本などを集中的に読んで理解する作業をあてても、うまくいきません。コマ切れ時間には、単語をひとつ二つ暗記するような作業のほうが向いています。

時間の使い方の上手な人は、コマ切れ時間の使い方が上手とよくいわれます。

これは、「コマ切れの時間を見つけるのが上手」であるとともに、「コマ切れの時間に合うことを、うまくやっている」ということなのです。

この点、社会人の受験生は、時間の使い方の上手な人が多いようです。

たとえば、社会人にとっては通勤時間も貴重な勉強時間です。この時間を最大限に活用するために、運よく座れたときはテキストを見直す、座れないときはテープを聞き直すといったように、あらかじめいくつかのバージョンを用意している人もいます。

また、電車のなかで少なくとも本を広げるスペースを保つために、わざわざ早めに家を出て、各駅停車に乗ることにしている人もいます。

電車のなかは睡眠時間にあて、勉強は家でじっくりやると決めている人もいます。これも合理的な時間の使い方だと思います。

さらに時間感覚の厳しい人は、十五分単位よりもっと短く、十分とか五分の単位で一日の使い方を把握しています。

時間管理については、いろいろ本も出ています。ほかの人のアイディアなども参考にしながら、ぜひ自分の可処分時間の質と量の向上を工夫してほしいと思います。

第五章 とっておきの記憶術

脳に「大切な情報だ」と錯覚させる

ここで、「やる気が続かない退屈なこと」の代表ともいえる「暗記」について、お話ししておくことにしましょう。

暗記への苦手意識を克服するには、記憶のメカニズムを知って、うまく活用することが大事です。

まず、大前提になるのは、「人間は忘れる生き物だ」ということです。見聞きしたことをいちいち全部覚えていたのでは、脳がパンクしてしまいます。悲しいことや苦しいことがあっても、時間とともにその記憶が薄らぐことで、人間は生きていけます。

一方で、無理に覚えようとしなくても、脳にしっかり記憶されることもあります。

では何が記憶され、何が忘れられるのか？　それはおそらく「生きていくうえで大切な情報」だと脳が判断したものが残され、そうではないものが捨てられていくのでしょう。

その重要度によって記憶の優先順位が決まるので、たとえば命に関わるような重大な情報は、たった一度見たり聞いたりしただけでも記憶に残り、けっして忘れません。

反対に、法律の条文や英単語は、生きていくのに不可欠な情報ではありません。そのため、脳が勝手に「忘れるほう」に振り分けてしまいます。だから、これらを記憶に残すためには、「これは絶対に忘れてはいけない大切な情報だ」と、脳に思い込ませなければいけません。

そのための有効な手段のひとつが、「反復」です。

一度勉強しただけでは覚えてくれない脳も、同じことを何度も繰り返してインプットされれば、「こんなに何度も入ってくるのだから忘れてはいけない重要な情報なのだろう」と判断してくれる。いわば、情報の重要性を脳に「錯覚」させるのです。

このように「人間は忘れる生き物だ」ということを自覚していれば、十個のことを覚えて、すぐに八個を忘れてしまったとしても、ガッカリすることはありません。

一度の勉強で二十パーセントも覚えられたのなら、歩留まりとしては上々。あとは、それを五回繰り返せばいいだけのことなのです。

感情表現を豊かにすると記憶力が高まる

忘れたらまた記憶の作業をすればいいとはいっても、反復の回数が少ないほうが効率的ですし、モチベーションも維持しやすくなります。

最近の研究によると、脳には、記憶に適した状態とそうではない状態があるそうです。脳がものごとを記憶しやすいのは、シータ波という脳波が出ているときだといわれています。

ではシータ波はどういうときに出るのでしょうか?

シータ波は、その人が興味を持っている事象に遭遇したときに発生するそうです。ということは、暗記すべき勉強の内容に興味を持てば持つほど、記憶はしやすいということになります。これは、脳科学を知らない人でも、経験的にうなずける話です。

法律の勉強なら、そこに書かれている内容が、いま世の中で起きている事件にどう関わっているのかを考えてみる。あるいは「合格後を考える」発想で、将来の自分が、いま勉強して身につけた知識をフル稼働させて活躍している場面を想像する。

英語の勉強をしているなら、外国人と楽しく会話を交わしている風景を思い浮かべる。

前にお話しした「ゲーム化」も、ワクワクする状態をつくるための工夫といえます。

また、楽しいことにかぎらず、覚えようとしている内容を喜怒哀楽の感情とからめるのも、記憶力を高めるのに有効だといわれています。

実際、人から言われた嫌味な一言をいつまでも根に持って覚えていたり、家族や友人から言われて嬉しかった言葉をずっと忘れなかったりということは、だれにでも経験があるでしょう。その言葉を思い出すと、そのときの感情だけでなく、周囲の情景まで次々とよみがえってくることとすらあります。

これは、記憶のメカニズムの中で重要な役割を果たしている脳の扁桃体《へんとうたい》が、感情の働きで刺激されるためだと考えられています。

だから、裁判の記録などを読むときも、事実関係をクールに眺めるのではなく、「世の中にはこんなに気の毒な人もいるのか」「この裁判で勝ててよかったなぁ」など、一喜一憂しながら読むほうが、扁桃体が活性化し、記憶に残りやすいのです。

よく「年をとると記憶力が悪くなる」といわれますが、これも、加齢により記憶する機能そのものが低下するのではなく、感情の起伏が乏しくなるからだと、最近では考えられています。

だれでも子どものときは、まわりの目を気にせず、泣いたり笑ったり怒ったりしますが、年をとると、自分の感情を表に出すのを抑えてしまいます。また、世の中のことが見えてしまうので、何か新しいことに出会っても、なかなか新鮮な感情が湧いてきません。

そのため、次第に扁桃体の働きが鈍り、記憶が脳に定着しにくくなるのです。どんなに物忘れが激しいお年寄りでも、喜怒哀楽がはっきりしていた子ども時代のことはよく覚えているのも、その証拠かもしれません。

実際、私たちの塾には四十代や五十代の人も大勢いますが、新しく学んだことに対して、「へえ、そうだったんだ！」と素直に感情を表現できる人ほど、早く合格しているような印象があります。

そのような人は、ときに「青臭い」などと言われることもありますが、記憶力の観点からすると、若々しい感性を持ち続けることはとても重要なのです。

覚えたことを人に話してみる

脳がインプットされた情報を記憶するときには、それらを関連づけて整理する力が働いているといいます。

ですから暗記をするときには、さまざまな項目をバラバラに覚えようとするのではなく、似たものを図や表にして整理するなどして、相互に関連づけるのが効果的です。歴史年号の語呂合わせなどは、その一例です。

また同じく「関連づけ」に関係することですが、「知識記憶」よりも「経験記憶」のほうが長く残りやすいといわれています。

「知識記憶」とは、教科書に書いてあることをそのまま丸飲みするような、エピソードをともなわない抽象的な記憶のことです。それに対して「経験記憶」とは、過去に体験した出来事などとからみあった記憶のことです。

ただ本で読んだだけの情報より、肌で体験したことのほうが記憶に残りやすい——これも、常識的にうなずける話です。

ですから教科書に書いてあることも、字面だけを頭に入れようとするのではなく、自分が過去に経験したエピソードと結びつけることができれば、より覚えやすくなります。英語のフレーズなども、似たエピソードを思い出して、「ああ、あのときは、こう言えばよかったんだな」と考えながら覚えるようにすれば、知識記憶を経験記憶に変換することができるわけです。

過去の経験と関連づけるだけでなく、勉強したことを、後で「自分の経験にする」こともできます。勉強したことを、他人に話すのです。

自分が勉強したことを、家族や友人がわかるように説明すると、自分自身の理解もとても深まります。また話をしたこと自体が「あのとき自分はこんなふうに説明した」というエピソードになって、記憶されやすくなるのです。

覚えたばかりの知識を人に披露するのは楽しいことですし、「へえ、そうなんだ」と感心してもらえば、嬉しい気分にもなります。これは復習をマンネリ化させず、モチベーションを向上させるのにも役立つ勉強法です。

記憶にはゴールデンタイムがある

記憶をするために、最も必要でありながら、案外おろそかになりがちなのが、「記憶のための時間をつくる」ということです。

よく、「暗記は電車やバスのなかで」と言う人がいます。コマ切れ時間の使い方としてはとても有効なのですが、あくまでそれは二回目以降の記憶にあてる場合です。勉強したことを最初に記憶する一回目の記憶には、集中力がいります。乗り物のなかはかなりうるさく、降りる駅なども気にしていなければならないため、一回目の記憶には向きません。

最初の記憶を、静かな集中できる場所で、そのための時間をとって行うことで、その後の定着度は大きくアップします。

さらに最初の記憶は、勉強をした直後、できるだけ早いタイミングで行うのが肝心です。

有名な「エビングハウスの忘却曲線」によれば、どんなに記憶力のいい人でも、勉強の一時間後には半分以上、一日後には六割から七割程度は忘れてしまうそうです。

だから私は受験生に、教室で講義を受けたあと、家に帰って復習する前に、その場で五分でも十分でもいいからノートを見直すことを勧めています。何を習ったのかを大雑把に確認しておくだけでも、その後の定着度がぐんとよくなります。

英語の単語カードなども、カードだけつくってあとは電車のなかで、というケースが多いのですが、ぜひその場でいったん覚える作業をすることを、習慣づけてほしいと思います。

勉強の直後にくわえて、記憶にはもうひとつ、ゴールデンタイムがあります。

それは夜、寝る前の十分間です。

前にお話ししたように、人間は眠っている間、その日インプットされたことを整理し、記憶を定着させます。昼間なかなか記憶のための時間がとれない人は、ぜひ、この時間を記憶にあてる習慣をつくってほしいと思います。

第六章

ピンチを切り抜け、事業を続ける

創業十年目に訪れた大ピンチ

ここまで「続ける」ために役立つ考え方やノウハウをご紹介してきましたが、ここで、私自身が「続けてきたこと」についてお話ししたいと思います。

私が志を持って続けてきたと自負していることは、法教育です。

ひとつの柱は、二十代前半から続けている司法試験の受験指導です。

もうひとつの柱が、受験生への講義や、講演・著書をとおして、日本国憲法の価値を広く伝えていくことです。

この二つのライフワークを実現する場として、一九九五年に「伊藤塾」を設立し、十三年目に入ります。世間的に見れば、「創業十三年」など大したキャリアではありません。しかし、私にとっては、事業を続けることの難しさを思い知らされることばかりの十三年でした。

なかでも最大のピンチは、法科大学院構想でした。

法科大学院、いわゆるロースクールとは、法律家養成のための専門職大学院です。国の司法制度改革の一環として、二〇〇四年四月からスタートしました。

法律家になりたい人は、従来の司法試験に代わり、大学卒業→法科大学院に進学→法科大学院修了者に受験資格が与えられる新司法試験に合格、というコースを進むのが一般的になりつつあります。

伊藤塾は、たんなる受験テクニックを教えるのではない、「憲法の価値を実現できる法律家」「市民のために働く真の法律家」の育成を理念に掲げてきました。そこで、制度発足を機に、今度は法科大学院で私たちの理念を実現したいと考え、志を同じくする大学と提携し、法科大学院の設立準備を進めてきました。しかし、経緯を詳述するのは控えますが、最終的に文部科学省の認可が下りなかったのです。

私たちは、授業を担当する教員を手配し、校舎用のビルを借りて改装工事を始めるなど、開校に向けて準備を進めていました。学生募集も始め、志願者は千八百人を超えていましたが、認可が下りなかったことで、それらはすべて無に帰したのです。

この件で私たちが受けた痛手は、ビルの改装などにともなう金銭面の損害だけではありません。

スタッフは「日本一のロースクールをつくるぞ」という意気込みで盛り上がっていたので、不認可による精神的なショックは相当なものでした。

さらなる追い打ちが、司法試験そのものの受験生の減少でした。

これまでの司法試験は、法科大学院ルートと並行して、二〇一〇年までは残ることになっています。ただ、その合格枠は、当初関係者が予想していたよりも大幅に減らされることになりました。そのため、従来型の司法試験ルートを目指す人は、私たちが想定していた以上に減ってしまいました。

法科大学院への進学希望者も当初期待されたほど増えていません。発足二年目にして早くも、定員割れした学校もありました。

構想がスタートした段階では、新司法試験の合格率は七～八割程度にし、法科大学院を修了すれば原則的に法律家になれる制度にすることが、予定されていました。しかし、実際には、新司法試験の合格率は三～四割にとどまっています。

これまでの司法試験と違って、新司法試験には受験回数に制限があります。法科大学院は、私立の場合年間百五十万円前後と、学費も高額です。とりわけ社会人からの転職希望者は、これまで以上にリスクをともなう選択を迫られます。

受験者が減っているのは司法試験だけではありません。伊藤塾では公務員試験の受験指導も行っていますが、いわゆるキャリア官僚へのルートである、国家I種公務員試験の受験者は年々減っています。

これらの原因は、景気回復により、企業の新規採用が増えたことだけではありません。背景には、コツコツと地道な勉強をして法律家や公務員を目指すより、ベンチャー起業をしてバリバリ稼ぐほうがカッコいいという、若者の価値観の変化があります。このような傾向は、意欲も能力も高い、優秀な学生の間でとくに顕著です。

プロジェクト挫折で見えた「なすべきこと」

企業として経営をどう続けていくのか?

一度プツンと切れてしまった気持ちを、どう立て直すのか?

このピンチを乗り越えるために私が思い浮かべたのは、

「人生を長い目で見れば、合格も不合格も等価値」

という、日頃から受験生に言っている言葉でした。

私は、このようなときこそ、「自分たちは正しいことをしている」という確信を持ち続けることが大切だと感じました。

「伊藤塾はもうダメだ」「危機管理が甘すぎる」など、心ない批判にもさらされましたが、「憲法の価値を実現できる法律家」「市民のために働く真の法律家」を育成するという、自分たちの理念が間違っていたわけではない。

そう考えると、法科大学院の設立も、目的を実現するためのひとつの手段にすぎなかったのだと思えるようになりました。大きな覚悟を持って臨んだプロジェクトでしたが、法科大学院をつくれなかったからといって、私たちの「やりたいこと」ができなくなるわけではなかったのです。

伊藤塾自体の問題、そして、国をあげての司法制度改革、その柱としての法曹養成システムの変更という大きな波を乗り越えるために、私たちがしたのは、新しい事業展開ではなく、「初心に戻る」ことでした。

「新しい事業展開」でなく「原点回帰」

同業の受験指導校のなかには、司法試験から事実上撤退したり、会計分野などに路線変更したりするところもありました。しかし、私たちはそうではなく、「続ける」ことでピンチを切り抜ける道を選びました。

もちろん、試験制度が変われば、指導する側にも変化が求められます。そこで、塾を立ち上げたときのポリシーを振り返って、変えるべきことと、変えてはいけないことを真剣に徹底的に考えました。

創立当時からの伊藤塾のポリシーは、「個別指導」「最新技術を活用した指導」「合格後を考える指導」です。

伊藤塾では「個別指導」として、大教室での講義だけでなく、少人数のゼミ形式の授業をカリキュラムにとりいれています。これは、対話と問答により弟子を導いていったソクラテスの教授法に基づいています。

私は、法的思考力を養うためには、このような一対一の対話によるトレーニングが不可欠だと考えています。そもそも「塾」という名称にも、受験生一人ひとりの顔が見える場にしたいという願いが込められています。

ビジネスのことだけ考えれば、ゼミよりも講義のほうがずっと効率がいいのはたしかです。しかし、伊藤「塾」としてあり続けるかぎり、この部分は絶対に変えられません。

最新技術の活用、とくにＩＴの導入は、塾を立ち上げた当初から力を入れてきました。たとえば、私たちの塾では板書をいっさい使いません。板書すべき事柄は、あらかじめデータ化して、ディスプレイに表示します。受験生にはプリントアウトしたものを配布しますから、復習のときも役立ちます。

また、在宅受講（通信教育）用に、カセットテープだけでなく、映像つき教材も立ち上げ時からつくっていました。最初は八ミリビデオでしたが、やがてビデオＣＤになり、いまはＤＶＤ、そしてインターネットです。

同様の教材はほかの指導校でもつくっていましたが、通学受講の数倍の料金をとるところもありました。教材が転売されて出回ることによる損害を上乗せしているからです。

そこで私たちは、受講にあたって、「教材の所有権は伊藤塾が持つ、受講者は教材を利用する権利だけを持つ、試験に合格したら教材は返却する」という契約を受講生と結ぶことにしました。この場合、教材の無断転売は横領罪になるので、転売への歯止めとなります。

これにより、通学受講と在宅受講を同じ料金に設定することができました。他校と比べて、かなり画期的なことでした。

そして、現在、在宅受講の主流はインターネット受講です。

受験生の減少に対応するために、私たちは、インターネットを利用したストリーミング講義をひとつの柱として強化していくことにしました。それに合わせて、教室の数を絞り、「箱モノ」としての塾の規模のダウンサイジングを決めました。

ストリーミング講義自体はかなり早い段階から始めていたので、ブロードバンド普及のタイミングに合わせて、うまくシフトさせることができたのです。

「合格後を考える指導」については、これまでにも何度かお話ししてきました。
具体的な活動として、伊藤塾では通常の講義とは別に、「明日の法律家講座」という無料の公開講演会を実施しています。

テーマとしては、法律や裁判の問題だけでなく、国際問題や経済・社会問題などもとりあげます。幅広い分野から、第一線で活躍している方々を講師にお招きし、すでに二百数十回を超えました。

また、私は毎月十回以上のペースで、憲法に関する講演会を行っています。どんな小さな集まりでも、スケジュールの都合さえつけば出向いていき、憲法の価値についてお話ししています。

これらはビジネスとしての収益にはつながらないので、正直、やせ我慢でやっているところもあります。しかし、どんなに経営が厳しくなっても、塾の基本理念に関わるこの部分だけは失ってはいけないということは、とくに強く意識していました。

また、「文部科学省の認可が下りなかった学校」という風評を打ち消すためには、私たちが「ただの受験予備校」ではなく「公益的な活動をしっかりやる会社」であり続ける必要があります。

そのように考えれば、「明日の法律家講座」などの活動は、いまから振り返ってみると、経営上も、とても大きな役割を担っていたといえるのかもしれません。

「変えない」ために、変えていく

こういった努力の結果、経営上のピンチはなんとか乗り切り、スタッフも、ふたたび自分たちの仕事に誇りを持って、仕事ができるようになりました。

この体験を通して学んだのは、ピンチを克服して事業を継続していくには、「変えるべきところ」と「変えてはいけないところ」をしっかり見きわめなければならないということです。

問題が生じている以上、現状の改革が求められているのはたしかです。しかし、自分たちが最初に掲げた目的や志まで変えたのでは、これまで苦労して積み上げてきたものをすべて否定することになってしまう。

たんに企業として収益を上げることだけが目的なら、受験指導校に徹するどころか、ネット事業に転身して上場を目指すといったように、まったく関係のない分野に商売替えすればいい、ということになります。実際これまでにも、もっと事業を拡大して株式公開をしたらどうかというお誘いを、何度かいただきました。

自分たちの「やりたいこと」がなんなのかを見失わず、守るべきところは頑固に守る。他方、それまでの強味を生かして進化させられるところは、思い切って変えていく。私たちの場合、前者が「合格後を考える」という基本理念であり、後者が「ＩＴ技術の活用」でした。そしてそのことを、スタッフ全員で共有し、実践してきました。

教室中心だった講義をインターネット中心にシフトしても、私たちの仕事の本質は変わりません。根本の理念はしっかりと守り、道具や手段はどんどん新しいものに変えていく。これが、事業の継続のために必要な考え方ではないでしょうか。

原因は、自分の側にある

苦しいときこそ「謙虚さ」を失ってはいけないということも、伊藤塾を立ち上げてから学んだことです。

「いつもニコニコしていて、とてもそんなに大変だとは思えませんよ」「落ち込むことはないんですか」とよく言われる私ですが、事実に基づかない批判をされれば、もちろん憤りを感じます。

理不尽な仕打ちにあえば、「こんなに一生懸命やっているのに、どうしてわかってもらえないのか」と、絶望的な気持ちにもなります。

しかし、そのような怒りのあとにいきつくのは、「でもやはり、原因は自分の側にある」という結論です。

いくら相手を攻撃しても、なんの解決にもつながらない。自分の努力で変えられるのは自分だけです。それならば、ピンチを招いてしまった要因を自分のなかに探し出し、自分のほうを変えるべきです。それには自分を見つめ直す「謙虚さ」が必要です。

理解してもらえないのは、自分たちの力が足りなかったからだと考えることができれば、次の行動につながります。私たちが、「明日の法律家講座」をいままで以上にきちんとやっていこうと決意したのも、そうやって自らを振り返った結果です。

「自信」「謙虚さ」、そして「他人への尊敬」

私たちは自分たちの力だけで、逆境を乗り越えてきたわけではありません。

これまで、何度となくピンチを切り抜け、法教育を続けてこられたのは、応援し、支えてくれる多くの人の存在があってこそでした。

伊藤塾には、たんに多くの合格者を出してきたからという理由でなく、「真の法律家の育成」「合格後を考える」といった指導理念に共鳴して、集まってくる受験生が多くいます。ありがたいことに、法科大学院に通いながらも、私の講義を聞きたいからと受講してくれる学生も少なくありません。

また、伊藤塾の出身者には、人権問題や刑事弁護、弁護士過疎地域での勤務など、ふつうは敬遠されがちな、お金にならないと思われている仕事に積極的に取り組む法律家が多くいます。

彼らの活躍のおかげで、最近では、現場で働く弁護士などから、「伊藤塾の出身者は、人がやりたがらない仕事を熱意を持ってやってくれる」「伊藤塾はいわゆる受験テクニックだけを教える予備校ではないらしい」という評価を、あちこちでいただけるようになりました。

企業法務を中心に数百人の弁護士をかかえている大手法律事務所のルーキー弁護士の大半は伊藤塾出身です。ある人気の高い法律事務所では、二〇〇七年に採用された新人弁護士三十九人のうち三十人が塾生でした。

また、法科大学院は不認可になりましたが、最近では、伊藤塾で培った指導ノウハウを参考にしたいと、声をかけてくれる大学も増えてきました。

これまで法学部の先生は、「研究者」として論文を書き、それを講義するのが仕事でした。研究実績以外のところで、外部からの評価にさらされる機会はありませんでした。

しかし、法科大学院は実務家養成のための教育機関です。教育の成果として、学生を新司法試験に合格させることが求められます。また、学生も、先生の「教育者」としての能力について、大変厳しい評価の目を持っています。そのため、先生たちの意識も少しずつ変わり始めました。

それまで存在を無視し、あるいは批判してきた相手にアドバイスを求めるのは、難しいことです。でも、こだわりを捨て、優れた法律家を育てなければならないという使命感から、私たちのアドバイスに耳を傾けてくれる先生も少なくありません。

そのような理解者の存在に、私たちは大いに支えられています。

法教育の仕事を始めて二十年以上、伊藤塾を立ち上げて十三年目に入ります。

ひとつのことを信念を持って続けていれば、必ずそれを理解し評価してくれる人が出てきます。それは、私が法教育を「続ける」ことによって得た「自信」です。

もちろん仕事は人から評価されるためにやるものではありません。しかし、理解し支えてくれる人がいるからこそ、人は、つらいことがあっても努力を続けることができます。自分に自信を持つのと同じ分だけ謙虚になって、感謝せずにいられません。

また、世界中のさまざまな分野に、ひとつのことを地道にやり続けている人々がたくさんいます。それに比べれば、私の苦労などちっぽけなものにすぎません。法教育の仕事を続けることで、私は、そのような人たちに、深い尊敬の念を抱くことができるようになりました。

「自信」と「謙虚さ」と「他人への尊敬」、これは、私が二十七年の継続によって得ることができた大きな財産です。

第七章

「やりたいこと」をやり続ける人生

「自分にしかできないこと」は何だろう?

大学で憲法を学んだ私は、「個人の尊重こそが憲法の中核的な価値であること」「憲法は国家権力に歯止めをかける規範であること」に感動しました。そこで、憲法の価値を生活のなかで実現する法律家になりたいと思い、弁護士になったのです。

受験指導には自分が試験に合格した直後からたずさわっていました。

受験指導校に対する風当たりはいまよりもっと強く、大学時代の友人や先輩からは、会うたびに「いつまでそんな仕事をしているつもりだ。そろそろ足を洗えよ」と言われていました。

それでも私が受験指導の仕事にこだわったのは、指導校は多様なバックグラウンドを持った法律家を育てる場だと考えていたからです。

個人を尊重し、一人ひとりの多様性を認め合うことは、憲法の根本的な価値です。その価値を社会全体で実現するには、社会で起こった問題を解決する法律家も、多様性に富んでいる必要があります。

まだ女性の法律家が少ない、法学部以外の出身者ももっと増えるべきだ、社会人にこその経験を生かして法律家になってほしい——というのは、私の当時からの持論でした。

でも仕事や家庭のある人、法学部以外の出身の人が、何かのきっかけで法律家になりたいと思っても、大学に入り直すのはなかなか難しい。そんなとき、指導校こそが格好の受け皿になれると考えたのです。

また、法律家の世界を見れば、私などよりはるかに優秀な弁護士や検察官、裁判官が大勢います。そこで自分にできることなど、たかが知れています。

しかし私は、人に法律をわかりやすく教えたり、法律に興味を持ってもらったり、挫けそうな人を励まし、ふたたび勉強への意欲を持ってもらうことは得意でした。

おこがましい考え方なのかもしれませんが、私には若い頃からずっと、自分にしかできない仕事をしたいという気持ちが強くありました。せっかくこの世に生まれてきた以上、自分にしかできないことをやることにこそ、自分の生きる意味があると、考えていました。

だとしたら、司法試験は、コツコツと勉強を続けることさえできれば必ず合格できる試験だというメッセージを伝え、志ある人が、真の法律家への道を歩むのをバックアップすることこそ、私がやるべき仕事です。

そこで私は、法教育こそが自分の使命ではないかと、次第に思うようになりました。

迷い続けた三十五歳までの十年間

法教育は自分に与えられた使命――と思いつつも、初めの十年間は、「これでいいのか」という迷いがありました。

周囲からは、司法研修所の同期が「アメリカのロースクールに留学してアメリカでも資格を取った」とか、「大手法律事務所でパートナーになった」「地方の弁護士会で副会長になった」などという、華やかな近況が聞こえてきます。

それを耳にすると、「自分はこのまま予備校講師でいいのか」「もっと弁護士の実務をやるべきなんじゃないか」と、自分のしていることに自信が持てなくなります。

実際、自分でもあれこれ調べてみたり、ほかの人からのお誘いもあったりして、新しい世界への選択肢は複数ありました。

ある物流関係の米国企業からは、新事業を立ち上げるに当たってアジア地域の法律部門の責任者として来てくれないかという、ありがたい話をいただきました。ここは実際に面接も終えて、あとは自分の返事ひとつで決まるところまでいきました。

フランスのブランド企業からの話もありました。やはりアジア地域でのビジネスのリニューアルと、知的財産権関係のマネジメントをするという仕事でした。こちらもとても魅力的な仕事でした。

外国で仕事をするのは小さいときからの私の憧れでした。世間的なステイタスは申し分なく、もう「そろそろ足を洗えよ」などと言われなくてすみます。もちろん、給料もそれまでとは比べものにならないほど上がります。

国際線のビジネスクラスの常連になり、高級なスーツに身を包んで忙しく世界を駆け回る……そんな自分の姿を想像して、正直、とても心が揺れました。

迷ったら自分がワクワクできるほうを選ぶ

新しい世界はこのうえなく魅力的でした。ですが、当然、これまでのような二足のワラジではできないので、そちらを選べば、法教育の仕事はやめなければいけません。

それまで続けてきた仕事を大事にするのか、それとも継続を断ち切って新しい世界に飛び込むのか？　しかも、どちらも自分がやりたい仕事の場合、どう選んだらいいのか？

私は、迷ったときはいつも、自分がワクワクするほうを選ぶことに決めています。二者択一を迫られたときの判断基準として、「よりリスクが小さいほうを選ぶ」という考え方もあります。

外資系企業は実績主義が徹底しているので、成果を上げられなければ、すぐクビになってしまうかもしれません。他方、指導校の仕事を続けていたら、このまま年をとるまで、世間に認められない存在で終わるかもしれない。

しかし、私はどちらも選べませんでした。予測不可能な変化が次々に起こる世の中で、将来のリスクを正確に計算することなど、自分にはとてもできないと思ったからです。

また、リスクが小さいほうを選ぶというのは、消去法の選択です。自分の人生を消去法で選ぶのはイヤだという思いもありました。

リスクの小さいほうを選ぶという生き方ができないなら、主観的に自分が楽しいほうを選べばいい。そこで私は、「うまくいったときに、よりワクワクするほうはどちらか」で選ぶことにしたのです。

何から何まで自分の思うとおりの仕事ができたとき、最後に自分がより幸せを感じるのはどちらだろう？

外資に行って実績を上げれば、アジア地域のトップにはなれるでしょう。うまくいけば本社の副社長ぐらいまでなれるかもしれません。会社の株をもらい大金持ちになって、南の島に広大な別荘を買う。もちろんプール付きです。オフはそこでリフレッシュして、日頃の激務の緊張をときほぐす。想像するだけでワクワクしてきます。

法教育のほうはどうでしょう。

私は受験指導を足がかりにして、人々に憲法の理念を伝えたいと思っています。私の講義を受けたり、本を読んだりした受験生たちが、すばらしい法律家になって、日本中で憲法の価値を実現する。それによって、日本がまともな立憲民主主義の国、一人ひとりが個人として尊重される国になる。さらに日本の平和主義が世界に発信され、暴力に頼らない紛争解決によって、世界平和が実現する——。

これが、法教育を続けたときの私の理想です。

二十二世紀の人類を幸せにする仕事

二つの夢を極限まで広げたとき、自分はどちらをより幸せに思うのか？

南の島の別荘での休日を過ごす私は、たしかに幸せでしょう。

でもちょっと別荘の周辺に目をやれば、そこには貧民街があるかもしれません。いさかいが絶えず、いつも道端で腹を空かせた子どもたちが泣いているかもしれない。そんな光景を見てしまったら、私は絶対に「あんなに苦しんでいる人たちがいるのに、自分だけが幸せでいいんだろうか」と思うに決まっています。

もちろん、お金持ちの生活がすべて、他人の犠牲のうえに成り立っているわけではありません。個人の物質的豊かさを享受しながら、それを社会に還元し、福祉の実現に貢献している人はたくさんいます。

でも私は小心者なのでしょう。「自分の豊かさは他人の不幸のうえに成り立っているのかもしれない」と思うことが耐えられない。寄付やチャリティをしても、私の場合、その居心地の悪さが解消されることはないでしょう。それははっきりわかります。

他方、法教育を続けたときのことを考えると、私の幸せな想像はどこまでも広がります。

二十一世紀が終わって二十二世紀が始まるとき、テレビでは「二十一世紀の世界を支えた人物百人」という特集番組が放送されています。

「戦争の時代」だった二十世紀を乗り越え、二十一世紀の人類がいかに平和を築き上げたのか――それが番組の大きなテーマです。番組では、平和のためにさまざまな分野で活躍した人々が、次々と紹介されます。

登場人物の足跡をたどっていくと、ある共通点に気がつきます。あの人もこの人も、みんな若い頃に「伊藤塾」というところで学んでいるのです。

この「伊藤塾」とは何だろう？　調べてみると、二十世紀末の日本で、伊藤真なる人物が、憲法の理念を掲げて独自の法教育を行っていた。その教え子たちが現在の平和を築くのに大きな役割を果たしてきた。彼ら彼女らの地道な努力が、百年後に世界平和という形で実を結んだのだ――と締めくくって、番組は終わります。

それが私が描いた「最大の成功」であり、「最高の幸福」でした。どんなに立派な別荘も墓場まで持っていくことはできません。「一代で富を築き上げたお金持ちがいました。めでたしめでたし」というだけの話です。一方、法教育の理想を実現できれば、私の仕事は死後も受け継がれ、世界中の人を幸福にし続けることができます。

「やっぱり、そっちのほうがいい」

結論ははっきりしていました。

「そこまでいくと、妄想ですね」とあきれられるかもしれません。でも、私は大まじめでした。そして、そこまで想像しつくした結果、「自分がいちばんやりたいこと」「自分にしかできないこと」は、やはり法教育の仕事なのだ、という確信にたどりついたのです。

それに気づいたとき、私は、受験指導の仕事を続けてきた十年の重みを感じました。迷いながらも「十年も続けてきた」ということが、自分の本当の気持ちを雄弁に語っているように感じられたのです。

私が伊藤塾の立ち上げを決心したのは、それから間もなくのことでした。

世間の価値観が揺れても、自分はブレない

私は憲法を学び、その理念を伝える仕事をし続けることで、「ものごとを判断する基準」を手にしました。「自分なりのモノサシ」「生き方の原理原則」といってもいいかもしれません。これは私にとってかけがえのない財産です。

詳しくは『高校生からわかる日本国憲法の論点』（トランスビュー刊）などの本を読んでほしいのですが、憲法が掲げる価値のなかで最も重要なのは「個人の尊重」「個人の尊厳」です。日本国憲法だけでなく、近代の憲法はすべて、国家権力から個人の権利や自由を守るために存在します。

二十年以上、憲法について考え続けることで、私は、世の中のものごとを、「個人の

尊重」という基準で判断できるようになりました。

何か問題が生じて、「イエス」か「ノー」かの決断を迫られたとき、「どちらがより一人ひとりの個人を大切にすることにつながるか？」という基準で判断して答えを出す。

このモノサシがあるかぎり、世間の価値観がどう揺れ動いても、自分の考えがブレることはありません。

私は自民党が進めようとしている内容の改憲に反対しているので、よく「左」だとレッテルを貼られます。でもそれは、いまは社会全体が右側に寄っているからです。

もし社会が資本主義を否定し、共産主義・社会主義のほうに向かうことがあれば、今度は「右」だと言われるでしょう。憲法は「公共の福祉」という制約を設けながらも、自由競争に基づく資本主義を原則にしているからです。

世論が右に傾こうが左に傾こうが、私自身の立っている場所は変わりません。そのように自分なりのバランス感覚でものを見ることができるようになったのは、憲法の価値を追い続けてきた成果です。

「頭が固い」とか「頑固」と言われることもあります。「頑固」は、ほめ言葉ではないようですが、何十年も小さな金型だけをつくり続け、日本の製造業を支えてきた職人さんも、たいてい「頑固者」です。私はそういう人の話を聞くと、いつも涙が出るほど感動してしまいます。

人類普遍の価値である憲法の価値を追い続けて生きることが「頑固」と呼ばれるなら、私はそれを誇りに思いますし、これからも「頑固」であり続けたいと思うのです。

第八章

「続ける」ことから「力」が生まれる

「生きる」ことの本質は「続ける」こと

歯磨き、洗顔、朝食、通勤、登校、炊事、洗濯、掃除、昼食、仕事、学校の授業、夕食、入浴、睡眠……などなど、私たちは二十四時間、たくさんの行為を毎日繰り返して生きています。

意志を持って続けていることもあれば、無意識のうちに繰り返していることもありますが、私たちの日常が無数の「継続」のうえに成り立っていることはたしかです。

ですから、もしひとつのことをコツコツと反復し続けることを「地道」と表現するなら、「生きる」とはそもそもが地道な活動です。私たちはしばしば波瀾万丈の人生に憧れますが、どんなに派手に見える人の人生も、それは一緒です。

個人の人生だけではありません。

人類の歴史は、一見、戦争や革命といった「派手」な事件に彩られているように思えます。しかし、それらは特殊例外的なことだからこそ、記録として残されているのであり、歴史の総体は、きわめて地道な営みの積み重ねです。

人類はさらに、「種の保存」という壮大なスケールの「継続」を行っています。サルから進化して人類が誕生して以来、私たちはその遺伝子を受け継いできました。それは今後も変わることなく続けられるはずです。

地球全体に目を向けても、いま問われているのは「持続可能性」です。異常気象や温暖化、空気や水の汚染、資源の枯渇などの負の変化を食い止め、いかに生態系を維持していくかが、私たちの大きな課題になっています。

「改革」「変革」の名を借りた「過去の否定」

しかし最近は、「改革」や「変革」ばかりが声高に叫ばれ、「変えずに継続していく」という、生きることの本質から目がそむけられているように思えます。

もちろん、私は、変化や改革の価値を否定しているわけではありません。

たとえば企業の活動の本質は、イノベーションにより新たな技術や商品を生み出すことにあります。「変わること」なくして、新たな価値の創造はありえません。

しかし、そうであっても、前提になるのは、会社そのものの存続です。またGEのような革新性をアイデンティティとする企業ほど、その根底では、創業者が掲げた理念や創業当時の志をかたくななまでに守り続けています。

会社をとりまく環境や時代がどう変わろうとも、「自分たちは何のために事業をしているのか」という根本的な目的意識は変えない。そして、その理念を守るために、変えるべきところを変えていくことは、企業が存続するための絶対条件ではないでしょうか。

私が「改革」や「変革」ばかりがもてはやされる風潮を危うぃと思うのは、「改革こそが正しい」「新しいものにこそ価値がある」という考え方は、自分たちが積み重ねてきた「過去」の否定につながりかねないからです。

そこからは、先人たちが培ってきた知恵を学び、「人類の叡智」を将来に継承していくという姿勢は生まれてきにくい。これはじつにもったいないし、危険なことでもあります。

人間が自分たちの知恵だけでやれることなど、たかが知れています。過去の蓄積に目を向けることなく、目先の損得勘定だけで「変革」を続けていけば、私たちの社会は、ただ迷走と混乱を繰り返すだけではないでしょうか。

平穏な日常は、ある日突然に脅かされる

もちろん、先人たちも、いろいろなことを改革しながら社会を築いてきました。

しかし、「どう変えてきたか」の歴史だけを学んでいたのでは、足をすくわれます。生きることの本質が「継続」にある以上、私たちの社会は「何を変えてこなかったか」に目を向ける必要があります。

日本という国も、二千年に及ぶ長い歴史の中で、何度も大きな転機を乗り越えてきました。近現代史だけを見ても、明治維新で江戸時代に終止符を打って近代国家として大きく踏み出し、第二次世界大戦で敗戦を経験した後は社会体制ががらりと転換するという、二度の大変革が起きています。

でも、そういった変革を経験しても、国のあり方や人々の生き方が何から何まで変わったわけではない。

日本という国は、いくつもの歴史の節目を迎えながらも、つねに日本であり続けてき

ました。江戸時代も、明治維新後も、そして戦後も、日本は日本であり、日本人は日本人であり続けています。

何をもって日本や日本人というのか、その本質は何かというのは難しい問題でもありますが、それが自分たちにとって価値のあるものだからこそ、先人がそれを守り、今日まで継承してきたことはたしかです。

逆に、さまざまな改革や変化は、それら多くの人が大切だと考えるものを守るための、手段だったのかもしれません。

しかし、変えるべきでない大切なものは、ただ放っておいて守られるものではありません。それを脅かす変化の兆しは、気づかないうちに起きているものです。

先の大戦を体験した人から、自分たちが悲惨な戦争に巻き込まれていることを実感したのは、頭の上から爆弾が落ちてきたときだったと聞いたことがあります。

もちろん、それまでもアメリカと戦争をしていることはわかっていたし、出征する人を、日の丸の旗を振って「お国のためにがんばってください」と送り出していました。

しかし、日常生活の中で意識できる「戦争」はそこまででした。送り出した兵隊が戦地でどんな目にあっているかは、まったくわからない。大本営発表は都合の悪いことは伝えないので、日本は破竹の勢いで連戦連勝しているものとばかり思っていた。

ところが、勝っているはずの国に、ある日突然B29が飛んできて、焼夷弾《しょういだん》や爆弾を雨あられと落とし始めた。そのときになって初めて、「ああ、自分たちは戦争をしていたんだ」と実感したのだといいます。おそらく多くの日本人が同じ気持ちだったのではないでしょうか。

それと同じことが、これから起こらないとはかぎりません。いや、すでに起きているかもしれません。私たちが「このまま暮らしていれば世の中は変わらない」と思い込んでいるあいだに、社会全体がまったく違う方向に舵を切り、大きな変化が進行しているかもしれないのです。

そして、ある日突然、爆弾が落ちてきて、「こんなはずじゃなかった」と気づかされる。でも、そうなってから以前の暮らしを取り戻そうとあがいても、もう遅いのです。

守るべき大切なものは、二度と戻ってきません。

そんなことにならないよう、私たちは「変えてはいけないものがある」ことを日頃から意識して、それを「継続」するための努力をしていかなければならないのです。

「利他の視線」なくして「本質」は見えない

目先がクルクルと変わる「改革の時代」こそ、「変えてはいけないこと」を意識して守る姿勢が求められます。「続ける意志」を持たなければ、大きな変革の波は、私たちを一気に押し流していきます。

では、「守るべき本質」はどうやったら見きわめることができるのか。

私は、そのために必要なのは、「利他の視線」ではないかと思います。

自分がそのことで幸せになれるかではなく、他の人が幸せになれるかどうか。

なぜなら、私は、人間は本質的に利他的な存在であると考えているからです。

個人としての人間は、いつか必ず死んで、この世からいなくなります。どんなにお金を儲けた人でも、どんなに偉大な業績を残した人でも、全員が死に向かって進んでいる。

そして、生きているあいだにどれほどの利益を得ても、それをあの世まで持っていくことはできません。

しかし私たちは、死ねば自分には何も残らないことを知りながら、よりよい人生を送ろうと一生懸命に努力します。それは、個人の利益を超えたところに、何か大切なものがあると信じているからです。その確信がなければ、生きることは、唯一確実な死に向かうだけの、むなしい道のりにすぎません。

では、自分の利益を超えた大いなる価値とは何か？

それは、同時代に生きる、あるいは未来に生きる、自分以外の他の人たちの幸せでしかありえません。

自分が何事かに一生懸命に取り組み、歯を食いしばって努力をしたことで、まわりの人が幸福を感じ、笑顔で暮らせるようになる。他の人の幸せに関わることで、自分が生きることの意味が、自分が死んでも、次の世代に受け継がれていく。

それを信じているからこそ、私たちは虚無感にとらわれることなく、短い人生を一生懸命に生きることができるのです。

にもかかわらず、利己的な視線だけでものごとを判断しようとするなら、「変えてはいけないこと」を見きわめられるはずがありません。

ひとつだけ、どんな願いでもかなうなら?

それでも私は自分がいちばんかわいい、他人の幸せのためになんか生きたくないと思う人も、ぜひ一度、自分が本当にしたいことは何かを、とことん考えてほしいと思います。

もし、神様が目の前に現れて「ひとつだけ、どんな願いでもかなえてあげる」と言ったとしたら、何をお願いするのか?

即座に「世界一の金持ちになりたい」と思う人もいるでしょう。でも、それでほんとうに満足するのか、それ以外に望むことはないのかを、さらにつきつめていけば、違う答えが出てくるのではないでしょうか。

それは、大切な人の病気を治してほしいということかもしれないし、イラクの子どもたちを救いたいということかもしれない。

心の底からの望みを掘り下げていけば、ほとんどの人は、「自分が死んでも意味のある人生を送るにはどうすればいいか」という問いにいきつくはずです。

そうやって到達した「真の欲求」「心の叫び」こそが、「これだけは絶対に譲れない」という、生き方の原理原則になります。

私はたまたま憲法を学ぶことで、「個人の尊重」という原則を手にしましたが、その内容はもちろん一人ひとり異なっていてかまいません。

しかし、そこにわずかでも「利他」の精神が含まれているかぎり、一人ひとりがその原則に従って生きるかぎり、「変えてはいけない大切なこと」が改革の波に押し流されることはないのだと思います。

裁判も福祉も、税金のムダ使い?

ところがいまの日本は、一人ひとりの「心の叫び」をつきつめることなく、与えられたひとつのモノサシだけでものごとの是非を判断しているように見えます。

それは、「経済的な効率性」というモノサシです。

経済的な利益が望めないもの、効率の悪いものを否定する、それが現在の社会で進んでいる「改革」の実体です。弱者が切り捨てられ、貧富の格差が拡大しても、経済的にプラスにさえなればよしとされます。そこに「利他」という視線はありません。

しかし、どんなに非効率でも、変えずに続けていかなければならないことはたくさんあります。

たとえば「裁判」という制度など、その最たるものです。

「だれが見ても犯人なのは明らかなのに、長い時間をかけて裁判をするのは税金のムダ遣いだ」「どうせ死刑になる人にお金と時間を使っても意味がない」という意見はよく聞かれます。

たしかに、ひとつの事件を地裁で審理し、控訴されればさらに高裁で審理し、上告されれば最高裁まで持ち込まれるという制度は、けっして効率のよいものではありません。

それ以外にも、逮捕されてから裁判が終わるまで、憲法と刑事訴訟法は、被疑者・被告人を保護するための多くの手続きを定めています。

でも、その手続きを否定して、たとえば「警官が殺人犯だと判断したらその場で射殺してよろしい」という「効率のよい制度」にしていいのでしょうか。

権力者の恣意的《しいてき》な判断で、無実の人間が犯人にされ、拷問されたり殺されたりすることは、歴史上いくらでもありました。現在の裁判制度は、そのような不正義を防ぐために、長い歴史の中で先人たちが築いてきた知恵なのです。

裁判だけではない、社会福祉も、教育や医療、芸術も文化もみな同じです。

少数者や弱者の人の利益にしかならないこと、経済的な効率性でははかれないことに時間とお金を費やせるのは文明国家の証です。

一人ひとりが目先の効率性以外のところに価値を見出すことで、その人の人生はとても豊かになります。それは「持続可能な社会」を築いていくうえでも不可欠のことです。

人類の英知が生んだ「続ける技術」

さらにいえば、「民主主義」というルール自体、きわめて効率の悪いものです。

選挙で代表を選び、その代表が議会で議論して政策を決め、それがうまくいかなければまた次の選挙で民意を問い、ふたたび議論によって政策を修正していく。民主主義というのは、ともかく時間と手間がかかるシステムです。

したがって、効率のよさだけを考えれば、一人のリーダーが即断即決でものごとを進めていく独裁政治のほうが、はるかにすぐれています。徳の高いリーダーが、すべての人の幸せを考えて、立派な政治を行ってくれるなら、国民としてはこれほどラクなことはない。

そのような政治は一時的には可能かもしれません。

しかし、人間は、絶大な権力を手にしてもおごらず利他の精神を持ち続けられるほど、強い存在ではありません。また、かりに完璧な為政者《いせいしゃ》がいたとしても、そのような人物が何代にもわたって出現し続けることはありえない。人類はそれを歴史の教訓として学んできました。

「だったら、時間も手間もかかるけれど、みんなで相談して決めよう」として考え出された次善の策が、民主主義です。

民主主義は、自由と幸福を守るために、人類が英知を結集させて編み出した「続ける」ための技術なのです。

「続ける力」はすべての壁を乗り越える

伊藤塾での教え子に、十七年間の勉強期間を経て、合格をはたした女性がいます。

彼女は、マザー・テレサの本を読んで感動し、自分は弁護士になって弱い人のために働きたいと思ったそうです。

そこで彼女は、マザー・テレサに会いに、インドの「死を待つ人々の家」に行きました。幸いにも会うことができて「自分は弁護士になろうと思っているんです」と話したら、マザー・テレサが「ぜひ、いい弁護士になってください」と声をかけてくれた。

受験を思いたったとき、彼女はすでに家庭を持ち、子どももいました。勉強をするにはけっして恵まれた環境とはいえないなか、マザー・テレサのその一言を支えにして、十七年間、コツコツと勉強を続けてきました。

そして五十代に入るちょっと前に、ついに夢の実現に一歩を踏み出したのです。

目まぐるしく変化する状況を少しでも早く先読みして、「抜け道」や「わき道」を見つけ出す。そうやって競争相手を出し抜き、軽やかに世間を渡っていくのが、いまどきの「カッコいいライフスタイル」のようです。

実際、「歯を食いしばってがんばったりせず、要領よく結果を出すほうがカッコいい」「結果が約束されていない道で努力を続けるのは見苦しい」「将来の成功のためにいまを我慢するなんてバカらしい」と考える若い人たちは少なくありません。

「継続は力なり」という言葉がありますが、いまはその言葉自体が力を失いつつあるようです。

「司法試験の勉強に十七年も費やすなんて、人生のムダ使いだ」という人もいるでしょう。

しかし、マザー・テレサのように生きたいと願い、コツコツと勉強を続けてきた彼女の十七年間を、「スピード」と「効率」というモノサシではかることができるのでしょうか？

彼女のような思いを持った法律家は、世の中に必要ないのでしょうか？

司法試験の世界だけではありません。どんな夢も目標も、それを達成する原動力になるのは「続ける力」です。

能力が違う。おかれている環境が違う。だれもが平等なスタートラインに立てるわけではありません。でも、「続ける力」さえあれば、人間はその壁を乗り越えることができます。

「続ける」ことこそが、すべてのゴールにつながる「王道」なのです。

おわりに――DNAに刷り込まれた力

世界が動くスピードがどんなに速くなっても、人生においては、時間をかけてコツコツと努力を続けなければ得られないこと・達成できないことが、存在するのだと思います。

たとえば私が尊敬してやまない技術者や職人の世界。生まれながらのセンスや才能で決まってしまう部分はあるとしても、いわゆる「職人技」と称される完成度は、経験を積み重ねることによってしか到達できません。

たとえば人と人とのつながり。一瞬の一目ぼれでも恋愛は始まりますが、その後、よきパートナーとなり、よき夫婦となっていくためには、時間をかけて相手をよく理解することが必要になってきます。人への信頼や安心感は、やはり時間をかけてコツコツと築いていくしかないものです。

たとえば達成感や充実感。ジグソーパズルも、簡単ですぐできてしまうものより、ピースが千も二千もある作品を完成させたときのほうが、はるかに喜びが大きい。資格試験も、あえて難しい試験に挑戦し、何年も勉強を続けて合格を果たしたときの達成感は、何ものにも比べようがなく大きいものです。

人間には、あえて時間がかかるもの、難しいものに挑戦して、より多くの達成感を得たいという本能のようなものがあるのだと思います。

いまの社会は、幸せの価値基準が経済的な損得一辺倒になりつつあります。いろいろな要因が絡みあってそのような事態に至ったのでしょうが、私が考えるに、物質的に豊かな生活が当たり前になって、人間の精神が怠けものになってしまったことも、大きな理由ではないでしょうか。

単純な一つのモノサシだけでものごとを判断すれば話は早いし簡単です。

司法試験に合格して弁護士を目指す若い人たちと話をしていると、最近は「給料が高い法律事務所を選びます」と言う人もいます。

しかし、そもそも法律の重要な役割の一つは、複雑に対立しあう複数の利益を調整して妥協点を見出すことにあります。またすべての法のなかの最高法規である憲法は、社会的・政治的・経済的に弱い立場にある人が現実社会の自由競争の犠牲となることがないよう、「個人の尊厳」を最高の価値基準として掲げています。

いってみれば法律家の仕事は複雑な多元方程式を解くようなものです。そのような仕事を職業として選びながら、事務所の理念やスタッフの人間性、扱っている案件や事件の性質などをじっくり考えることを面倒くさがって、損得のモノサシだけで考えてしまう。これはとても象徴的なことです。

同様の、損得だけで割り切ってすぐに白黒はっきりつけたい、単純明快な結論を得たいという傾向は、個人のレベルだけでなく、企業のマネジメントや、国レベルの政治・外交まで、広がっています。

しかし、それでは人間社会が成り立ちません。

絶対に捕まらないとわかっているならば、どんな罪を犯してもいいのか。お店に行って、店員が誰も見ていなくて、目の前にあるものを盗《と》っても絶対にわからないなら、お金を払わず持ってきてしまうほうが、得で賢いことなのか。
その答えは、損得のモノサシだけからは、けっして導くことができません。だからこそ人間は、宗教や倫理やさまざまな社会制度、文学や芸術を生み出しました。そうやって、本当の幸せとは何なのかという、すぐには答えの出ない複雑な問いに挑み続けてきたのが人間なのです。

最近読んだ茂木健一郎さんの『欲望する脳』（集英社新書）という本のなかに、「人間らしさ」ということの定義をめぐって、こんな印象的な記述がありました。少し長くなりますが、引用してみます。

真夏の暑い盛りに一日汗だくになって引っ越しのアルバイトをし、夕刻に「ご苦労様」という言葉とともにやっと手にした一万円札と、デイ・トレーダーが手先でちょちょいと動かすお金の単位としての「一万円」。価値から見れば両者は確かに

「等価」のはずである。（中略）

しかし、両者は本当に同じ意味を持つのだろうか？　ワンクリックで一億円を動かすとして、それは日給一万円で一年三百六十五日働いたとしても、二十七年以上の時の流れに相当する。十八歳の春に引っ越しのアルバイトを始めた青年は、一億枚目の一万円札を手にした時には、四十五歳の中年男になっている。（中略）

ワンクリックの果実と人生の半分の労働が等価になってしまう事態はどう見てもおかしいと思うからこそ、私たちは「人間」なのであり、将来に向かって不断に「人間性」を更新していくこともできるのである。

人間は誰もが必ず死ぬという「結果」がわかっているからといって、結果どおりに早く死んでしまえばいい、とは誰も思いません。子孫を次世代に残すという生物としての機能を果たし終えたあとでも、まだ多くの人間には命が残されています。

このように考えると、人が生きることの本質は、結果を残すことにあるのではなく、コツコツと時間をかけて生命現象を継続させていく、そのこと自体にあるとはいえないでしょうか。人間は「結果」ではなく「プロセス」に意味を見出さずにはいられない存在なのです。

「続ける力」とは、そんな根源的な充実感・達成感を享受するために、私たちすべての人間のＤＮＡに刷り込まれた力なのだと、思わずにはいられません。

幻冬舎新書 073

続ける力

仕事・勉強で成功する王道

二〇〇八年 三 月三十日 第一刷発行
二〇一二年十一月二十日 第十九刷発行

著者 伊藤 真
発行人 見城 徹
編集人 志儀保博

発行所 株式会社 幻冬舎
〒一五一-〇〇五一 東京都渋谷区千駄ヶ谷四-九-七
電話 〇三-五四一一-六二一一(編集)
〇三-五四一一-六二二二(営業)
振替 〇〇一二〇-八-七六七六四三

ブックデザイン 鈴木成一デザイン室
印刷・製本所 図書印刷株式会社

検印廃止

Printed in Japan ISBN978-4-344-98072-3 C0295
い-4-1

幻冬舎ホームページアドレス http://www.gentosha.co.jp/
＊この本に関するご意見・ご感想をメールでお寄せいただく場合は、comment@gentosha.co.jpまで。